Basiswissen

Politik / Geschichte / Ökonomie

Lucas Zeise

Finanzkapital

PapyRossa Verlag

Eine Übersicht aller Titel der PapyRossa-Reihe Basiswissen Politik / Geschichte / Ökonomie finden Sie unter shop.papyrossa.de/basiswissen

2., durchgesehene Auflage 2021

Luxemburger Str. 202, D-50937 Köln

Tel.: +49 (0) 221 – 44 85 45
Fax: +49 (0) 221 – 44 43 05
E-Mail: mail@papyrossa.de
Internet: www.papyrossa.de

Druck: Interpress

Die Deutsche Bibliothek verzeichnet diese Publikation in der Deutschen Nationalbibliografie; detaillierte bibliografische Daten sind im Internet über http://dnb.d-nb.de abrufbar

ISBN 978-3-89438-688-7

Inhalt

Einleitung

Am 28. März 2009 fanden in Berlin und Frankfurt große Demonstrationen statt, die von Gewerkschaften und linken gesellschaftlichen Bewegungen und Parteien organisiert waren. Das Motto »Wir zahlen nicht für eure Krise« fand überall, weit über die Demonstranten hinaus Zustimmung. Auch der Autor dieses Buches ist damals mitgelaufen. Wie alle anderen war ich mit dem Aufruf vollkommen einverstanden. Aber wir wussten damals schon, dass wir doch zahlen würden für diese Krise. Ein halbes Jahr vorher hatten Kanzlerin Angela Merkel (CDU) und Finanzminister Peer Steinbrück (SPD) diesen Zahlungsvorgang bereits eingeleitet. Die öffentlichen Haushalte würden die Verluste der Banken übernehmen. Die Folgeschäden der Krise würden auf die Schultern der Lohnabhängigen und anderen wenig Begüterten abgeladen werden. Sie, einschließlich derer, die auf die Straße gingen, wussten, dass es zu spät war, diesen Abwälzungsvorgang zu vermeiden. Der Zweck der Demonstration sollte es höchstens sein, diejenigen, welche diese Krise veranstaltet hatten, daran zu hindern, sie wieder zu begehen. Wieder ein halbes Jahr später, im September 2009, wurde Merkel in der Bundestagswahl als Kanzlerin bestätigt. Sie konnte sich sogar einen neuen Koalitionspartner aussuchen, die FDP.

Das Gute an der Parole von damals war die Formulierung »***Eure*** Krise«. Da war nicht vom konjunkturellen Abschwung oder auch von einem Systemabsturz die Rede, die wie Naturgewalten oder ein technisches Versehen über die Gesellschaft gekommen sind. Das »Eure« drückt die Täterschaft deutlich aus. Sie war nicht mehr zu übersehen. Die Verantwortung hatten die Banker oder besser: das Finanzkapital. Wenn Marxisten und Sozialisten das Ziel formulieren, den Kapitalismus abschaffen zu wollen, gerät bei ihnen und denen, die ihnen zuhören, gern der Gegner aus dem Blick. Der tritt im Betrieb in Gestalt des Konzernchefs und bei Tarifauseinandersetzungen als Arbeitgeberseite auf. Das Besondere an der Finanzkrise bestand unter anderem darin, dass die Gegenseite, die Profiteure und die Verantwortlichen des Systems öffentlich sichtbar wurden. Es gelang den mit dem Finanzkapital verbundenen Politikern jedoch, sich als gutwillige, ebenfalls Betrogene darzustellen, die die Krisenverursacher an die Leine nehmen würden. Es gelang ihnen auch, falsche Fährten zu legen, die Empörung in die falsche Richtung zu lenken und – am schlimmsten – die Mittel für eine Bändigung des Finanzkapitals noch weiter einzuengen. Ebenfalls 2009 wurde die »Schuldenbremse« ins Grundgesetz aufgenommen und damit die Budgethoheit des Parlaments weiter eingeschränkt.

Die Herrscher des Systems sind mit dem Begriff *Finanzkapital* am besten umrissen. Die wirklich nicht neue These lautet: Das Finanzkapital übt die Herrschaft im Kapitalismus der Jetztzeit aus. Das Finanzkapital ist nach einer vorläufigen Bestimmung eine Teilmenge der Klasse der Kapitalisten, der Bourgeoisie. Diese Teilmenge, man kann sie auch als Gruppe von Oligarchen bezeichnen, herrscht über Wirtschaft und Staat – zu unserem Nachteil. Will man eher auf längere Sicht der Oligarchie die Macht entreißen, ja selbst wenn man sich wie die Demonstranten im Frühjahr 2009 nur gegen die schlimmsten Auswüchse ihrer Herrschaft wehren will, ist es nützlich, ja geboten, sich mit dem Finanzkapital näher zu befassen. Wer das Herrschaftssystem bekämpfen will, muss es verstehen. Umgekehrt lernt man es auch besser kennen, wenn man es bekämpft.

Rudolf Hilferding hat 1910 das Buch mit dem Titel »Das Finanzkapital« veröffentlicht. Es ist ein großartiges Buch. An diesem Urteil ändert auch nicht, dass Hilferding zweimal (1923 und 1928 bis 1930) in SPD-geführten Regierungen als Finanzminister glücklos amtierte. Aber Hilferdings Buch ist sehr dick und wird schon deshalb kaum gelesen. Viel populärer wurde Lenins »Der Imperialismus als höchstes Stadium des Kapitalismus«, das er 1916 geschrieben hatte und das 1917, nach der Februarrevolution, aber noch vor der Oktoberrevolution erschien. Lenin stützt sich in seiner kurzen Schrift sehr stark auf Hilferding. Beide Werke haben die Weiterentwicklung des Kapitalismus zu einem von Monopolen geprägten und vom Finanzkapital beherrschten »Imperialismus« zum Thema.

Die kommunistischen Parteien haben sich diese Sicht des damals aktuellen Entwicklungsstandes des Weltkapitalismus weitgehend zu eigen und zur Grundlage ihrer Programmatik gemacht sowie sie an einigen Stellen weiterentwickelt. Seitdem die kommunistischen Parteien und ihr Marxismus (der Leninismus sowieso) in den kapitalistischen Metropolen bis auf Restbestände zurückgedrängt wurden und gezwungen wurden, das Projekt realer Sozialismus im Osten Europas aufzugeben, sah auch ihre Analyse des Kapitalismus alt und überholt aus. Das hängt, wie im Kapitel über den Staatsmonopolistischen Kapitalismus näher erläutert wird, auch mit der Anpassungsfähigkeit des Finanzkapitals zusammen, das auf die Herausforderung durch die arbeitenden Klassen, die sozialistischen Länder, insbesondere die Sowjetunion, und die Befreiungsbewegungen in den bisher kolonial und halbkolonial beherrschten Ländern reagierte.

Seit der Weltwirtschaftskrise der 1970er Jahre ist die Phase der Anpassung vorbei. Das Profitprinzip wird nicht mehr schamvoll hinter Parolen wie »Wohlstand für alle« oder »Soziale Marktwirtschaft« verborgen und schon gar nicht mehr, wie vereinzelt praktiziert, in seinen verheerenden Wirkungen eingeschränkt. Es wird vielmehr verherrlicht. Der Finanzsektor gewinnt an Bedeutung, Macht und Umfang. Die Macht der Einzelstaaten wird beschnitten, wenn es um die Belange der niederen Klassen geht. Die Freiheit des Kapitalverkehrs wird verherrlicht, in den EU-Verträgen sogar als »Grundrecht«. Die »Globalisierung« wird zum unwiderstehlichen Naturgesetz erklärt. Der Wettbewerb der Staaten um die Gunst des Kapitals wird nicht nur gepriesen, sondern findet auch statt. Soziologen analysieren die »Ökonomisierung« aller Lebensbereiche und meinen auch hier die Profitorientierung. Kurz, die Ausbeutungsrate steigt.

Hans Tietmeyer, damals Präsident der Deutschen Bundesbank, hat 1996 auf dem Weltwirtschaftsforum in Davos freudig begrüßt, dass nicht mehr die Politik die Finanzmärkte, sondern umgekehrt die Finanzmärkte die Politik kontrollierten: »Ich habe aber bisweilen den Eindruck, dass sich die meisten Politiker immer noch nicht im Klaren sind, wie sehr sie bereits heute unter der Kontrolle der Finanzmärkte stehen und sogar von diesen beherrscht werden« (FAZ, 3.2.1996). Entsprechend sind für den aktuellen Zustand des Kapitalismus verschiedene Ausdrücke erfunden worden, zum Beispiel »Raubtierkapitalismus« (Helmut Schmidt), »finanzmarktgetriebener Kapitalismus« (Jörg Huffschmid) oder der mittlerweile weit verbreitete und ziemlich treffende Begriff »Finanzkapitalismus«. Er knüpft an Hilferdings und Lenins Terminologie der Herrschaft des Finanzkapitals an. In der Tat, wer beide liest, stellt fest, wie ähnlich die heutigen Verhältnisse denen in den Jahren vor dem Ersten Weltkrieg geworden sind. Allerdings wirken die heutigen Zustände krasser, die Macht des Finanzkapitals umfassender und der Finanzsektor relativ zur produzierenden Wirtschaft größer.

Zweck des Buches ist es, die von Hilferding gebotene Darstellung nachzuzeichnen und ihre Relevanz für heute zu belegen. Nicht alles, was Hilferding und Lenin vor gut hundert Jahren geschrieben haben, ist richtig. Und einiges ist heute anders als damals. Dennoch kann meiner Meinung nach mit den seinerzeit formulierten Begriffen der heutige Kapitalismus angemessen analysiert werden.

Auf einen Mangel dieses kleinen Buches möchte ich hier schon hinweisen: Die politischen Mechanismen, mit denen das Finanzkapital die gewünschte Politik durchsetzt, werden nicht im Einzelnen dargestellt, geschweige denn analysiert. Die Herrschaft des Finanzkapitals wird vielmehr vor allem auf der ökonomischen Ebene dargestellt. Dass diese Herrschaft für viele Elend und Leid bedeutet, dass diese Herrschaft auch heute Krieg und möglicherweise auch Weltkrieg bedeutet, soll an dieser Stelle aber wenigstens erwähnt werden.

1.
Geld ist Kredit

Um einen Kredit zu geben oder zu nehmen, muss das Geld dafür vorhanden sein. Das scheint die Logik und auch die Alltagserfahrung zu lehren. Nur wer über Geld verfügt, kann Kredite vergeben. Und allgemein gesprochen kann Geld nur dann verliehen werden, wenn es als Institution vorhanden und im Wirtschaftsleben verankert ist. Noch allgemeiner heißt das, dass Geld logisch und historisch dem Kredit vorausgesetzt wird. Karl Marx verfährt so. Im ersten Band seines Hauptwerks »Das Kapital« analysiert er, was Geld ist. Er leitet es aus der Warenproduktion ab. Geld ergibt sich mit Notwendigkeit aus dem Tausch. Es ist eine Ware, die sich zum allgemeinen Äquivalent entwickelt. Geld wird Wertausdruck für alle Waren. Erst im dritten Band des »Kapitals« beschäftigt sich Marx mit dem Kredit. Er speist sich aus dem überschüssigen Geld, das von Warenproduzenten »ausgeschwitzt« wird. Im Kapitalismus nimmt dieses überschüssige Geld massenhafte Form an. Auch Rudolf Hilferding geht wie die große Mehrheit der marxistischen Ökonomen so vor. Es »warf sich die Frage nach der Rolle und dem Wesen des Kredits auf, die ihrerseits nur beantwortet werden konnte, wenn die Rolle des Geldes klargelegt wurde« (Hilferding, S. 18).

Hier wird umgekehrt argumentiert: Der Kredit geht logisch und historisch dem Geld voraus. Geld entwickelt sich aus den Kredit-/Schuldbeziehungen, die die Menschen im Zuge der gesellschaftlichen Produktion und Arbeitsteilung eingegangen sind. Nicht alles Geld ist Kredit, sondern es gibt durchaus auch Warengeld. Das Entscheidende aber ist: Kredit ist ein grundlegendes

Verhältnis der Menschen zueinander im gemeinsamen Arbeitsprozess. Geld entsteht aus dem Kredit und nicht umgekehrt.

Was ist Kredit? Es handelt sich um ein Verhältnis zwischen Menschen im Rahmen ihrer gesellschaftlichen Arbeit. Marx hat herausgearbeitet, dass Ware und Geld nicht einfach Dinge sind, sondern dinglicher Ausdruck für ein gesellschaftliches Verhältnis, in diesem Fall genauer: das Verhältnis der Warenproduzenten zueinander.

Der Kredit ist die Überlassung einer Sache, eines Tieres oder eines Menschen an einen anderen auf Zeit. Der Kredit begründet ein Schuldverhältnis des Kreditnehmers an den Kreditgeber. Das Kredit-/Schuldverhältnis ist älter/grundlegender als die Warenproduktion.

Der US-Anthropologe David Graeber schildert (in seinem Buch »Schulden – Die ersten 5000 Jahre«, Stuttgart 2012), wie sehr Schuld/Kredit in alten und neuen Kulturen die Gesellschaft bestimmen. Graeber ist Idealist. Er leitet die materiellen Schuldverhältnisse von ideellen und religiösen ab. Materialisten wissen, dass es umgekehrt ist. Die Schuld gegenüber den Göttern oder dem einen Gott ist eine Analogie zu den realen Schulden, die die Menschen untereinander eingehen.

Hier einige Beispiele für solche Kredit-/Schuldverhältnisse mit und ohne Geld:

- Ein Stamm/eine Familie hilft einem anderen bei der Jagd. So schuldet der andere seinerseits diesem/dieser Hilfe.
- Ein Bauer hilft mit Arbeitskräften (Knechten oder seinen Söhnen) einem anderen bei der Ernte. Der ist nun in dieses anderen Bauern Schuld. Sie wird beglichen durch umgekehrte Leistung oder Teilhabe am Ernteertrag.
- Der eine lässt das Vieh des anderen eine Saison oder jahrelang an seiner Wasserstelle saufen. Die Schuld kann beispielsweise in Kälbchen abgegolten werden.
- Der eine überlässt dem anderen in Hohlmaßen abgezähltes Saatgut. Der schuldet ihm in der Regel einen Teil der Ernte.

- Der eine gibt seine Tochter dem Sohn des anderen zur Frau. Der schuldet ihm etwas, und zwar nicht wenig. Ähnlich: Der eine rettet dem anderen das Leben.
- Schuldbeziehungen gründen vielfach auf Hilfeleistungen und Teilnahme im Krieg.

Schuldbeziehungen treten innerhalb und zwischen Familien und Stämmen auf. Sie treten in frühen Staaten auf und sie treten zwischen Herrschern und Beherrschten auf. Eine Steuerschuld kann auferlegt werden, obwohl ihr kein Kredit vorausging.

In den frühen Staaten des Orients werden mit der Erfindung der Schrift die Schuldverhältnisse aufgeschrieben. Es wird Buch geführt. Die Schuldverhältnisse werden formalisiert, juristisch und quantitativ fixiert. Die gegenseitigen Schulden werden pro Saison (Viehtrieb oder Ernte) ab- und gegengerechnet.

Der entscheidende Schritt zum Geld wird dann mit einer (oder mehreren) Verrechnungseinheiten getan. Die Bestimmung der Verrechnungseinheit ist eine staatliche hoheitliche Aufgabe. Festzuhalten ist: Geld tritt als Verrechnungseinheit auf, bevor es als Ware die Bühne betritt. Es gibt bereits Warentausch, der in einem (oder mehreren) allgemeinen Äquivalenten abgerechnet wird. Nur möglichst geringe verrechnete Salden des Äquivalents werden einem Besitzwechsel unterzogen. Das ist auch in Zeiten des entwickelten Münzgeldes so. Sogar in der BRD nach dem Zweiten Weltkrieg haben Handwerker, Krämer und Bauern im Dorf Leistungen und Lieferungen »angeschrieben« und am Ende (des Jahres) mit denen der Gegenseiten verrechnet. Nur für Nettobeträge wechselte Geld den Besitzer.

Wie Geld heute entsteht

Werfen wir einen Blick auf die Gegenwart: Im zeitgenössischen Kapitalismus verwalten die Geschäftsbanken nicht nur das Geld. Sie produzieren es auch.

Rechtlich ist Bargeld das einzige, richtige Geld. Nur die von den Notenbanken gedruckten Scheine und die von den Regierungen geprägten Münzen sind gesetzliche Zahlungsmittel. Das legen das Bundesbankgesetz und der Paragraph 128 des EU-Vertrages fest. Faktisch ist das Bargeld nur ein kleiner Teil des im Lande umlaufenden Geldes, in Deutschland nur etwa ein Zehntel der gesamten eng definierten Geldmenge. Was sind die anderen neun Zehntel? Es ist das bei den Banken in Form von Kontoguthaben liegende Geld, das sogenannte Buch- oder Giralgeld. Das Buchgeld ist auf Verlangen der Kunden jederzeit tauschbar in echtes Bargeld. Und nur diese Bereitschaft und Fähigkeit der Bank, das Geld auf Verlangen herauszurücken, macht das Buch- oder Giralgeld, das die Banken »Sichteinlagen« nennen, den Geldscheinen ähnlich und fast ebenbürtig.

Die jüngste große Finanzkrise von 2007/08, in deren Verlauf das Finanzsystem und die Banken weltweit wackelten, um schließlich im Herbst 2008 von den Staaten vor dem Untergang gerettet zu werden, hat der Öffentlichkeit wieder einmal vor Augen geführt, dass die Gleichheit von Bargeld und Sichtguthaben eben nur annäherungsweise eine Ebenbürtigkeit darstellt, eine Identität, die nur in guten Zeiten gilt. Mancher wird sich vielleicht daran erinnern, dass Angela Merkel, die damals schon Kanzlerin war, die Bankenrettung mit den Worten einleitete: »Liebe Mitbürger, Ihre Einlagen bei den Banken sind sicher.« Das eben stimmte nur deshalb, weil die Bundesregierung 480 Milliarden Euro zur Rettung der Banken bereitstellte.

Aber die Sichtguthaben sind auch Geld. In Nichtkrisenzeiten, wenn die Banken einigermaßen stabil sind, erfüllen sie alle Funktionen, die das Bargeld auch hat. Man kann mit diesem Giralgeld durch Überweisung oder durch das Ausstellen eines Schecks Schulden begleichen. Das Giralgeld wird auch als Wertaufbewahrungsmittel verwendet. In der Handhabung hat sich das Geld auf dem Bankkonto dem Bargeld in vieler Hinsicht als überlegen herausgestellt. Die meisten Menschen haben mehr Geld auf der Bank als im Geldbeutel. Sichtguthaben sind zwar Geld, sie sind aber von anderer Art Geld als die von der Notenbank herausgegebenen Scheine. Sie sind der schriftliche oder im Computer festgehaltene Ausdruck für ein Schuldverhältnis zwischen Bank und Kunde.

Die Bank ist verpflichtet, dem Kunden jederzeit bis zur Höhe seines Guthabens entweder Bargeld in Scheinen und Münzen auszuzahlen oder Dritten im Auftrag des Kunden Geld zu überweisen. Die Bank verwaltet den Geldbestand des Kunden. Das Guthaben ist umgekehrt dadurch entstanden, dass der Kunde selber Bargeld eingezahlt hat oder Dritte Geld auf sein Konto überwiesen haben.

Zusätzliches Geld wird entgegen dem weit verbreiteten Glauben nicht dadurch geschaffen, dass die Europäische Zentralbank entscheidet, mehr Geld zu drucken, und es dann über die Banken in Umlauf bringt. Die Reihenfolge ist umgekehrt. Konkret sieht das so aus: Ein gut betuchter Unternehmer X braucht einen Kredit (von beispielsweise 10 Mio. Euro), den die Bank ihm gern gewährt, weil er eine gut laufende Fabrik als Sicherheit bieten kann. Wenn der Kreditvertrag von beiden Seiten unterzeichnet ist, schreibt die Bank dem Konto des Herrn X 10 Millionen Euro gut. Herr X kann nun über 10 Millionen Euro zusätzlich verfügen, hat aber zugleich 10 Millionen Euro Schulden mehr. Die Bank umgekehrt verfügt über eine Forderung gegenüber Herrn X. Noch ist keine der beiden Parteien reicher als zuvor, aber die Menge des Geldes im gesamten Bankensystem und in der Volkswirtschaft ist um 10 Millionen Euro höher als bis dahin.

Warum funktioniert das Ganze so relativ reibungslos? Wenn Herr X Geld von seinem Konto an die Baufirma überweisen will, die ihm die neue Fabrik hinstellt, muss die Bank das intern geschaffene Geld überweisen. Wenn die Bank so viel Geld (= Gutschriften anderer Kunden) gerade nicht hat, besorgt sie es sich auf dem ›Geldmarkt unter Banken‹. Dort tauschen täglich die Banken eines Währungsgebietes kurzfristiges Geld mit Laufzeiten von einem Tag bis zu zwei Jahren. Da durch den Zahlungsverkehr ihrer Kunden den Banken täglich riesige Beträge zu- und abfließen, tauschen sie auf dem Interbankengeldmarkt nur die jeweiligen Salden. Aber auch das sind ordentlich hohe Millionen- bis Milliardenbeträge. Das Ganze funktioniert nur deshalb so gut, weil die Zentralbank den jeweiligen Geldmehrbedarf aller Banken, der durch ihre Kreditvergabe entsteht, mit einem genau passenden Plus an Krediten auffüllt. Zusammenfassend lässt sich sagen, dass die Zentralbank den Geschäftsbanken im Normalfall ihre Liquidität (=Zahlungsfähigkeit) garantiert und es ihnen damit ermöglicht, die Geldschöpfung nach eigenen Bedürfnissen zu betreiben.

Dass die Geschäftsbanken Geld schöpfen, indem sie Kredit vergeben, macht sie nicht unmittelbar reicher. Das Privileg, nach eigenem Gutdünken Kredit zu vergeben und darauf Zins zu verlangen, verschafft ihnen eine besondere Macht darüber, wo investiert wird oder – anders gesagt – in welche Richtung die Gesellschaft sich ökonomisch entwickelt. Aus diesem Grund hat die Arbeiterbewegung und haben bürgerliche Demokraten immer die Verstaatlichung der Banken gefordert. Denn es besteht auch im Kapitalismus kein Grund, weshalb die Geldschöpfung privaten Kapitalisten überlassen werden sollte.

Warum dieser längliche Exkurs über die Geldentstehung? Weil damit gezeigt werden soll, dass Geld im heute real existierenden kapitalistischen System als Kredit existiert und im Zuge der Kreditgewährung geschöpft wird. Sonderbar ist freilich, dass über viele Jahrzehnte lang behauptet wurde, dass es sich anders verhalte. In den Textbüchern über Geld und Kredit erscheinen die Banken in erster Linie als Vermittler. Sie sammeln nach diesem Mythos das überschüssige Geld der Bürger und der Kapitalisten und geben es sodann als Kredit weiter. Zugegeben wurde auch, dass dabei ein netter »Multiplikator« am Werk war, das heißt, die Banken verliehen die gesammelten Guthaben der Kundschaft mehrmals, im Vertrauen darauf, dass die Kunden nicht gleichzeitig ihre Ersparnisse in Geldscheinen ausgezahlt bekommen wollten. Den Multiplikator gibt es tatsächlich. Die Banken nutzen auch das Geld, das ihnen die Kunden als Einlagen zur Verfügung stellen. Aber das ist nicht das Entscheidende. Denn in der tatsächlichen Praxis kümmern sich die Banken bei der Entscheidung über die Kreditvergabe nicht darum, in welcher Höhe sie selber über Einlagen von Kunden verfügen. Die Entscheidung darüber, ob ein Kredit gewährt wird, richtet sich nach dem Kreditnehmer, seinen Sicherheiten, seinen Aussichten, der Lage der Branche, der Konjunktur und des Finanzmarktes. Die Bank kann sich in normalen Nichtkrisenzeiten sicher sein, dass sie, sollte sie, wenn der Kredit zur Auszahlung kommt, gerade nicht genug Cash im Bestand haben, das fällige Geld am Geldmarkt unter Banken notfalls erhalten kann.

Die falschen Theorien über die Geldentstehung sind einerseits einfach fehlerhafte ökonomische Wissenschaft, wie sie in diesem Fach typisch ist. Sie ist aber auch eine Art Rechtfertigungsmythos der Banken, der von den Bankern selber, aber auch von den Zentralbankern gepflegt und in Festreden verbreitet wurde. Die Zentralbanker waren daran interessiert, die Charakterisierung der Geldschöpfung als eine, die per Federstrich und gewissermaßen aus dem Nichts heraus erfolgt, abzuwehren. Erst nach der jüngsten Finanzkrise 2007/08 haben, sicher auch unter dem leicht steigenden Druck der an diesen Dingen interessierten Öffentlichkeit, die Zentralbanken sich bequemt, die Geldentstehung aus dem Kredit korrekt darzustellen. Wegweisend war dabei die Bank von England, die in ihrem Quartalsbulletin 1/2014 einen Aufsatz unter dem Titel »Money Creation in the Modern Economy« (Geldschöpfung in der modernen Volkswirtschaft) veröffentlichte. Die Deutsche Bundesbank folgte im Monatsbericht vom April 2017 mit dem Aufsatz »Die Rolle von Banken, Nichtbanken und Zentralbank im Geldschöpfungsprozess« nach.

Wie Kapital sich Geld schafft

Fairerweise muss man auch einräumen, dass diese Art der Geldschöpfung in der Tat ein Ding der kapitalistischen Moderne war. Sie hat sich in der oben geschilderten Art in Britannien im 19. Jahrhundert und in der übrigen entwickelten kapitalistischen Welt erst im 20. Jahrhundert entwickelt. Walter Bagehot, ein Journalist und Banker, hat 1873 in seinem Buch »Lombard Street – A Description of the Money Market« (eine Beschreibung des Geldmarktes mit ihrem Zentrum der Bank von England, die in Lombard Street/Threadneedle Street in der Londoner City ihren Sitz hat) dargestellt, was die begüterten Bürger Englands dazu veranlasst hat, ihr Geld den Banken zur Aufbewahrung anzuvertrauen. Schon das Wort »Aufbewahrung« ist dabei nicht ganz richtig. Es ging darum, jeden im Geschäftsbetrieb gerade nicht erforderlichen, also überschüssigen Penny oder Shilling »arbeiten« zu lassen. Das Wichtigste an der Sache vergisst Bagehot nicht zu erwähnen, nämlich was dieses viele Geld im Land hervorgerufen hat. Es ist das in enormem Tempo wachsende Kapital selbst, das sich sein Geld in der notwendigen Menge selber herstellt, damit der produzierte Wert und Mehrwert in die Geldform umgewandelt werden können.

Der Kapitalist tritt an dieser Stelle als Kreditgeber auf. Er gewährt dem Großhändler einen Lieferantenkredit und erhält dafür einen Wechsel, also einen Schuldschein, in dem die geschuldete Summe, der Schuldner und vor allem der Zahlungstermin genannt sind. Der Wechsel ist noch kein Geld. Dafür ist der Großhändler, der ihn ausgestellt hat, zu unbekannt und in den Augen der übrigen Geschäftswelt als Schuldner zu unsicher. Dennoch erfüllt der Wechsel seit seiner Erfindung im ausgehenden Mittelalter in Italien weitgehend die Rolle des Geldes. Der Schuldschein kann nämlich weitergegeben und an Geldes statt akzeptiert werden. Der Kapitalist, der den Wechsel erhalten hat, kann nicht warten, bis der Großhändler am Fälligkeitstag des Wechsels den Kredit begleicht. Er muss und will das

Quasigeld möglichst schnell wieder in reales Kapital (Rohstoffe, Arbeitskräfte etc.) umwandeln. Dem Lieferanten der Rohstoffe schreibt er selber einen Wechsel. Wenn es der Zufall will, und weil der Kapitalist so ein guter Kunde ist, akzeptiert der Rohstofflieferant den Wechsel des Großhändlers. Wie auch immer, der Vorgang beschreibt einigermaßen plausibel, wie die Kapitalisten sich ihr Geld, und sei es als Geldersatz erzeugen.

Für Walter Bagehot beginnt hier allerdings erst die Angelegenheit. Die Wechselproduktion setzt er voraus. Aber er beschreibt, dass die Kapitalisten, die für die von ihren Arbeitern produzierten Waren Wechsel erhalten haben, damit zu einer der überall neu gegründeten Provinzbanken eilen, dort ihre Wechsel einreichen und wie im späten Mittelalter dafür richtiges Geld erhalten. Für ihre Mühen und weil richtiges Geld besser als das Quasigeld Wechsel ist, zieht die betreffende Bank den Diskontsatz ab. Sie diskontiert den Wechsel. Sie schickt die gesammelten Wechsel dann nach London und reicht sie wie alle Banken des Landes und der Hauptstadt bei der Bank von England ein, weil dieses edle Institut seit seiner Gründung 1694 über das Monopol verfügt, Geld zu drucken, das heißt Banknoten in der Währung des Königreiches, dem Pound Sterling, auszugeben. Die Bank von England gibt also ihre Banknoten für die Schuldscheine. Wird der Wechsel vom Schuldner eingelöst, fließt dieses Geld an die Notenbank zurück. *Erste Schlussfolgerung: Die umlaufende Menge an »richtigem« Geld wird vom Wachstum des Kredits/der Schulden der Kapitalisten bestimmt.*

Der zügigen Vermehrung des umlaufenden Geldes im Handel und der kapitalistischen Produktion durch die immer größer werdende Menge an Kredit folgt darauf der Rückfluss der Banknoten auf die Konten der Banken. Die Einlagen bei der Bank werden für Geschäftsleute zur Norm. Nur wenn das Geld bei der Bank ist (und nicht in der Kasse oder im Safe des Betriebes) wird es schnellstens der kapitalistischen Mehrwertproduktion zugeführt. Bagehot schreibt, dass zum Jahresende 1872 bei den Londoner Banken, die ihre Bilanzen veröffentlichen, 120 Millionen Pfund an Depositen lagerten. Er vergleicht diese Summe mit Paris (umgerechnet 13 Mio. Pfund), New York (40 Mio. Pfund) und dem Deutschen Reich (8 Mio. Pfund). Die Stärke des Finanzplatzes London basiert neben dem florierenden Industriekapital auf diesen Einlagensummen bei den Banken. Sie machen es möglich, dass auch Ausländer und vor allem auch ausländische Regierungen in London am einfachsten Großkredite erhalten. Was wiederum zur Folge hat, dass sie wie die inländische Kapitalistenklasse Konten bei Londoner Banken führen.

Der oben kurz beschriebene Multiplikator, mit dessen Hilfe Banken ein Vielfaches des ihnen zur Verwahrung gegeben Geldes verleihen, weist darauf hin, dass die Kreditgewährung mit den beginnenden Einlagen geradezu explodiert sein muss. Die Kreditmakler und Banken gehen außerdem dazu über, sich gegenseitig enorme Summen zu leihen. Bagehot weist auch darauf hin, dass »neue« Geschäftsleute/Kapitalisten ihr Kapital mit sehr viel höherer Verschuldung »arbeiten« lassen. Die »Hebelwirkung« auf die Profitrate des eigenen Kapitals nennt man das. Wer sein Kapital in einen kapitalistischen Betrieb im Wert von 10 Millionen Euro steckt, der jährlich einen Gewinn von 1 Million Euro abwirft, erzielt eine Profitrate von 10 Prozent. Nimmt er aber einen Kredit von der Bank in Höhe von 8 Millionen Euro und setzt nur 2 Millionen eigenes Kapital ein, so ergibt der gleiche Jahresgewinn von 1 Million Euro eine Profitrate auf sein Eigenkapital von 50 Prozent. Selbst wenn man die fälligen Zinsen von vielleicht 100.000 Euro abzieht, ergibt sich noch eine Profitrate von 45 Prozent. Dieses Kalkül fördert und förderte auch damals schon die Nachfrage nach Kredit.

Die oben skizzierte Darstellung, wonach der Kredit aus der kapitalistischen Produktion resultiert, die vom Käufer der Waren Geld verlangt, das ihm vom Verkäufer in Form der Ware vorgeschossen wird, ist angesichts dieser Realität ein wenig idyllisch. Die Kreditexpansion übertrifft offensichtlich schon in diesen früheren Phasen des Kapitalismus das Tempo der Expansion des Realkapitals. Bagehot befasst sich in seinem Werk über den Bankenmarkt London nicht von ungefähr auch mit den unregelmäßig, aber häufig auftretenden Kreditkrisen. Wenn einige mehr oder weniger wichtige Schuldner zahlungsunfähig werden oder auch nur entsprechende Gerüchte in Umlauf kommen, entsteht leicht Panik. Wer Geld auf der Bank hat, will es in Bargeld ausgezahlt bekommen. Wer Wechsel oder Schuldscheine angenommen hat, will dafür Bargeld haben. Die Geschäftsbanken fordern den gewährten Kredit von den Artgenossen zurück und geben keineswegs frisches Geld. Alle Banken rennen zur Notenbank, dienen ihr alle Kreditverträge an und wollen stattdessen Bargeld. Das Ganze ähnelt ganz dem Zustand des Weltfinanzmarktes von 2007. Der Notenbank geht das Geld nicht aus, weil sie drucken (lassen) kann. Sie ist der »Kreditgeber letzter Instanz«, wie Banker heute sagen. Sie sollte Geld freizügig geben, allerdings nur gegen gute Sicherheit und zu hohen Zinsen, rät Bagehot in seinem Büchlein.

Das Nebenproblem war aber, dass die Goldreserve der Bank von England nicht ausreichte, um das in Massen ausgegebene Bargeld im vorgeschriebenen Ausmaß zu decken. Hauptproblem war im England des 19. Jahrhundert die Gesetzgebung. Schon in der Panik von 1847, drei Jahre nach dem 1844 beschlossenen Gesetz, das die Obergrenze der Ausgabe von Banknoten durch die Bank von England an die Höhe ihrer Goldreserve koppelte, wurde diese Grenze verletzt. Das Gesetz musste revidiert werden und wurde revidiert.

Zweite Schlussfolgerung: Die Kredit- und Geldmengenexpansion folgt nicht der kapitalistischen Akkumulation, sondern übertrifft sie (in Zeiten guter Konjunktur) um ein Mehrfaches. Sie ist eine eigenständige Ursache für kapitalistische Krisen. Allerdings führen nicht alle Finanzkrisen zu Krisen der realen Wirtschaft.

2. Die Banken

Auch Banken sind wie der Kredit und das Geld älter als der Kapitalismus. In Bagehots Schilderung des Kreditwesens im England der zweiten Hälfte des 19. Jahrhunderts wird deutlich, dass die Banken wesentlich dazu beitragen, dass die von den Kapitalisten massenhaft produzierten Waren auch gekauft werden können und dass die Kapitalisten akkumulieren können. Im ersteren Fall diskontieren sie die Lieferantenkredite der Kaufleute und Großabnehmer der Produktion der Kapitalisten und ersetzen ihn durch einen Bankkredit, der in jener Zeit in Banknoten der Bank von England ausbezahlt wird. Im letzteren Fall gewähren sie dem Kapitalisten einen Kredit ebenfalls in Geldform, den der Kapitalist sogleich von Geldkapital in Realkapital in Form von Fabrikanlagen, Rohstoffen und Vorprodukten sowie in Arbeitskraft tauscht. Der Kredit der Bank wird dadurch selbst zum produktiv eingesetzten Kapital. Er ist nicht Eigenkapital des Kapitalisten, sondern vom Kapitalisten eingesetztes Fremdkapital.

Karl Marx wählt bei der Darstellung des Kapitalisten, der aus der einfachen Menge seines Geldes *G* mehr Geld, nämlich *G'* zu machen plant, einen Schatzbildner aus, der die Ausgangssumme – auf welche Art auch immer – angesammelt und angehäuft hat. Die Ausgangslage war historisch anders und sie ist im täglichen Kapitalismus anders. Nicht der Schatzbildner steht am Anfang, sondern der Kreditnehmer. Marx hat an anderer Stelle auf die wichtige Rolle des Bankkredits bei der Entstehung des industriellen Kapitalismus hingewiesen. Natürlich ist aber auch richtig, dass der Kreditnehmer/Kapitalist kein armer Schlucker sein konnte. Nur Menschen mit Vermögen sind kreditwürdig. Das galt früher ebenso wie heute. Aber auch die Vermögenden haben und hatten auch damals schon ihr Vermögen in irgendwelcher Form gebunden. Der englische Landedelmann konnte den ihm gehörenden Landbesitz, der Kaufmann das ihm gehörende Warenkapital nicht so einfach in Geld umwandeln. Er konnte dagegen sein Vermögen beleihen, es also per Kredit mobilisieren.

Indem die Banken den Kapitalisten Kredit zur Verfügung stellen, führen sie ihm Kapital zu. Sie spielen also bei der Bewegung des Kapitals, auch Kapitalverkehr genannt, die Hauptrolle. Bei der Analyse des Wertgesetzes im entwickelten Kapitalismus kommt es in Marx' Überlegungen schließlich auf die Bewegungen des Kapitals von einer Branche in die andere an. Kapital strömt von den weniger profitablen in die profitablen Branchen. Die unmittelbare Wirkung dieser Bewegung sind steigende Investitionen in den industriellen Branchen, in die die Bewegung gerichtet ist, und umgekehrt weniger Investitionen in den übrigen Branchen, aus denen Kapital weicht. Das Ergebnis der divergierenden Investitionsentwicklung sind schneller wachsende Produktion in der einen und weniger schnell wachsende oder sogar zurückgehende Produktion in der anderen Branche. Die nächste Folgewirkung sind eine Tendenz zu niedrigeren Preisen in jenen Branchen stark wachsender Produktion und eher steigende Preise in jenen Branchen mit geringem Produktionswachstum. Marx erklärt diesen letzteren Schritt übrigens ganz so wie die bürgerliche Volkswirtschaftslehre die Preise aus Nachfrage und, wie in diesem Fall, verändertem Angebot ableitet. Auch die gesamte Theorie der Kapitalbewegungen, die eine Tendenz zur Angleichung der Profitraten in Richtung der Durchschnittsprofitrate zur Folge haben, erinnert nicht nur, sondern ist ein typisches Beispiel der nicht wenigen Momente in der Marx'schen politischen Ökonomie, die sich in Übereinstimmung mit den Gleichgewichtstheoretikern klassischer und neoklassischer Prägung befinden.

An dieser Stelle interessiert besonders die Form, in der die Kapitalströme wandern. Es sind in erster Linie die Banken, die über die Kreditströme entscheiden. Der Einzelkapitalist hat in aller Regel sein Kapital in seinen Gebäuden und Anlagen gebunden. Er kann es theoretisch verkaufen, um den Erlös in einer anderen Branche zu investieren. Aber das dürfte ein teures Abenteuer für ihn werden. Die Branche, in der er tätig ist, und wahrscheinlich auch seine Fabriken werfen eine unterdurchschnittliche Profitrate ab. Das ist ja der Grund, weshalb er sein Kapital gern anderswo tätig sein lässt. Er wird also für sein Unternehmen nur einen unterdurchschnittlichen Preis erhalten. Viel häufiger als den Verkauf seines Unternehmens wird der Kapitalist eine andere Strategie zur schnelleren Vermehrung seines Kapitals verfolgen. Er wird die aus seinem Unternehmen erzielten Profite nicht wie bisher für eine Erweiterungsinvestition nutzen, sondern sie vorsichtig und probehalber in einem anderen, profitträchtigeren Industriezweig investieren. Er wird dann in der Regel nicht als Alleinunternehmer tätig, sondern sich vielleicht als Juniorpartner in einem Konsortium oder einer Aktiengesellschaft betätigen. Noch einfacher, er könnte einfach an der Börse Aktien, also Unternehmensanteile an einem Unternehmen seiner bevorzugten Zielbranche, erwerben. Keine Frage, das geschieht in der Tat massenhaft.

Noch wichtiger im Kapitalverkehr sind die Kreditentscheidungen der Banken. Die Banken entscheiden dabei schon bei der Entstehung des Geldes selbst über den Einsatz von Kapital. Den Industriezweigen mit (vermuteter) besonders profitabler Zukunft wird willig und zu günstigen Konditionen Geld geliehen. Umgekehrt werden dort, wo weniger Gewinn anfällt, Kredite gekündigt oder nur zu schlechteren Konditionen verlängert. Diese Entscheidungen fallen nicht willkürlich, sondern gesetzmäßig und bei Strafe des möglichen Untergangs der Bank nach dem Gesetz der größtmöglichen Profitabilität. Weil die Bank diese Kreditentscheidungen treffen muss, muss sie sich auch in allen Zweigen der Wirtschaft einigermaßen auskennen. Sie muss sich in dem, was sie tut, nicht auf einen Geschäftszweig, sondern auf das Ganze der (nationalen oder wie in vielen Fällen regionalen) Wirtschaft beziehen und auskennen. Deshalb unterhält sie zum Beispiel Abteilungen für Volkswirtschaft. Deshalb auch ist der gute Banker eng vernetzt. Er muss wissen, wo Probleme entstehen, welches Unternehmen der Pleite zutreibt und wo schließlich in Zukunft die Profite winken. Anders als der gemeine Kapitalist trifft der Bankeigentümer oder Bankmanager Entscheidungen über die richtige Investition als Tagesgeschäft. Die Banken sind die Hauptakteure des Kapitalmarktes. Sie sind in diesem Punkt dem Staat ähnlich, der als ideeller Gesamtkapitalist über das Gesamtinteresse der in der Nation versammelten Kapitale entscheidet.

Die Bank übernimmt mit der Kreditvergabe auch die Mitkontrolle über das Einzelkapital. Wenn der Kredit vereinbart und ausgezahlt ist, verfügt der Kapitalist/Kreditnehmer zwar über die Geldsumme, die er geliehen bekommt. Aber ganz souverän entscheidet er dabei nicht. Schon beim Abschluss des Kreditvertrages wird die Bank spezifizieren, zu welchem Zweck der Kredit aufgenommen wird. Danach richten sich zum Beispiel Laufzeit und Zinskonditionen. Die Bank verlangt zugleich auch eine Sicherheit, die im Regelfall ein Teil des reell gebundenen Industrievermögens oder ein Aktienpaket daran sein wird. Dazu wird, wenn die Kreditbeziehung dauerhaft sein soll, ein Mitglied des Bankvorstands in den Aufsichtsrat des Unternehmens entsandt. Die Verfügungsgewalt des Kreditnehmer-Kapitalisten über das geliehene Geld ist von Anfang an stark eingeschränkt. Die Bank hat mit den Sicherheiten durchaus mehr in der Hand als nur den reinen Rechtsanspruch auf Geldzahlung. Wenn der Kapitalist nicht zahlt oder nicht zahlen kann, also pleitegeht, findet sich die Bank notorisch als neuer Eigentümer des kapitalistischen Betriebes wieder. Der Kredit wird für den Industriebetrieb zum Eigenkapital, wie die Banker sagen. Der Banker betreibt nun zusätzlich zum Hauptgeschäft Geldverleih einen Nebenerwerb, den des industriellen Kapitalisten.

Die Verteilung des Profits

Hier noch ein paar Sätze zum Verhältnis der beiden Kapitalarten, Geld- und Industriekapital, bei der Verwertung in der industriellen Produktion. Zunächst ist festzuhalten, dass sich beide gemeinsam und ganz wie ein einheitliches Kapital verwerten. Das einheitliche Kapital steht unter dem Kommando des Industriekapitalisten. Er entscheidet ungeachtet der angeführten Einspruchsrechte der Bank, wie die gesamte Geldsumme im Einzelnen verwendet wird. Aus einer Summe *G* wird, so die Verwertung gelingt, eine größere Summe *G'*. Der Profit ist das Produkt des gemeinsamen Kapitals, und die Profitrate bezieht diesen Profit auf das Gesamtkapital. Soweit das Gemeinsame.

Vom Standpunkt des industriellen Kapitalisten stellt die Kreditsumme zunächst eine Erweiterung der Handlungsfähigkeit seines eigenen Kapitals dar. Beträgt sein Eigentum beispielsweise eine Million Euro, so kann er sich, wenn er die gleiche Summe als Kredit erhält, einen doppelt so großen Geschäftsbetrieb von zwei Millionen Euro leisten. Das ist so offensichtlich wie einfach. In der Profitabilität wird die Sache schon interessanter. Weiter oben wurde der englische Banker Walter Bagehot zitiert, der auf die sogenannte Hebelwirkung des Kredits verwies. Kredit als Hebel zur Steigerung der Profitabilität, also der Profitrate auf das eigene Kapital ist gemeint. Nehmen wir an, der eben erwähnte Geschäftsbetrieb im Wert von zwei Millionen Euro wirft einen jährlichen Gewinn von 200.000 Euro ab, also eine jährliche Profitrate von 10 Prozent. Hätte der Industriekapitalist keinen Kredit aufgenommen, sondern die zwei Millionen selbst aufgebracht, so hätte dieses, sein Kapital sich mit 10 Prozent verwertet. Da er aber einen Kredit von einer Million Euro aufgenommen hat, sieht die Rechnung anders aus. Von den unverändert 200.000 Euro Jahresgewinn geht zunächst der mit der Bank vereinbarte Zins von vielleicht fünf Prozent, also 50.000 Euro ab. Vom Jahresgewinn seines Unternehmens verbleiben dem Industriekapitalisten also 150.000 Euro. Das entspricht bezogen auf sein eigenes eingesetztes Kapital von 1 Million Euro einer Profitrate von 15 Prozent, die also erheblich höher ist als ohne Kredit. Die Hebelwirkung tritt nur dann ein, wenn der Zins für den Kredit niedriger ist als die Gewinnrate des Unternehmens. Sinkt die Profitrate des Unternehmens unter den mit der Bank vereinbarten Zins, wirkt der Hebel in die andere Richtung: Die Verlustzone auf das Eigenkapital wird schneller erreicht als ohne Kredit.

Völlig anders stellt sich das Kreditverhältnis von Seiten der Bank dar. In der Regel sind Kreditverträge mit festen Vereinbarungen hinsichtlich Zins und den Terminen zur Zinszahlung und Rückzahlung der Kreditsumme ausgestattet. Ob der Kreditnehmer hohen, geringen, gar keinen Gewinn oder sogar Verlust macht, ist vom Standpunkt der Bank aus egal. Für sie ist wichtig, dass der Kredit sicher bedient wird. Da die Bank zum weit überwiegenden Teil Kredite, die sie vergibt, mit Krediten finanziert, die sie aufnimmt, ist die Zahlungsfähigkeit (und -willigkeit) des Kreditkunden für sie von höchster Bedeutung. Der Gewinn des Kreditgeschäftes der Bank ergibt sich als Zinsdifferenz zwischen der verliehenen und der geliehenen Geldsumme. Der Profit der Bank ergibt sich also aus der Gesamtsumme der ausgegebenen Kredite, multipliziert mit der Zinsdifferenz. Hat eine Bank eine Milliarde Euro verliehen zu einem durchschnittlichen Jahreszins von 5,2 Prozent und diese Summe zu beispielsweise 3,2 Prozent im Durchschnitt finanziert, so errechnet sich ein Jahresgewinn von 1.000 Millionen Euro x (5,2-3,2 Prozent) = 20 Millionen Euro. (Kosten für Personal und andere Kleinigkeiten gehen natürlich ab.)

Weil der Gewinn also proportional mit der Kreditsumme wächst, ist es das Interesse der Bank, möglichst viele Kredite zu vergeben. Für die Eigentümer der Bank ist, genauso wie für die Industrie- und Handelskapitalisten, die Profitrate auf das von ihnen eingesetzte Kapital entscheidend. Weil Banken von ihrer Konstruktion her sehr leicht an geliehenes Geld kommen, müssen sie nur sehr wenig Eigenkapital aufbringen. Die Bankenaufseher haben nach der Finanzkrise 2007/08 beschlossen, von ihnen eine Eigenkapitalquote von mindestens und mit allen möglichen Ausnahmen etwa 4 Prozent zu verlangen. Im obigen Beispiel der Bank, die 1 Milliarde Euro ausleiht, wären das 40 Millionen Euro. Darauf bezogen ergäbe der Jahresgewinn von 20 Millionen Euro eine Profitrate von 50 Prozent. Ganz wie die Industriekapitalisten sind auch die Banker deshalb daran interessiert, mit möglichst wenig Eigenkapital, aber viel Kredit ein großes Rad zu drehen. Weil ihnen dies so gut gelingt, müssen sie von staatlichen Regulatoren gebremst werden.

Wenn allerdings der Kreditnehmer Verluste macht, erhöht sich das Risiko, dass der Kredit der Bank nicht mehr bedient werden kann. Jeder nicht bediente Kredit verringert die Zinsspanne erheblich. Faule Kredite sind das gefährlichste für das Kreditgeschäft der Bank.

Das zweitgefährlichste ist eine mögliche Erhöhung des Zinses, zu dem die Bank Geld aufnimmt. Weil Banken in der Regel jederzeit Kredit am Geldmarkt unter Banken aufnehmen können und weil in der Regel kurzfristiger Kredit zu niedrigeren Zinsen zu haben ist als langfristiger, vergeben sie üblicherweise langfristige Kredite von fünf Jahren oder länger, indem sie kurzfristige Kredite in bunter Mischung von einem Tag bis zu mehreren Jahren hereinnehmen. Die Girokonteneinlagen ihrer Privatkunden sind dabei noch das stabilste Element, obwohl dieser Kredit der Kundschaft rechtlich jederzeit ausgezahlt werden muss. In der Praxis sind die Kundeneinlagen ziemlich stabil. Sie sind außerdem, wenn überhaupt, sehr niedrig verzinst. Allerdings lassen sich die Kundeneinlagen kurzfristig nicht schnell steigern. Sie stellen nur einen Bodensatz der Finanzierung dar. Der flexible Teil richtet sich nach dem am Kapitalmarkt gültigen Zinsniveau. Wie an anderen Märkten auch, wird dieses Zinsniveau von der Nachfrage nach Kredit bestimmt, die ihrerseits vom Investitionsverhalten der Kapitalisten, dem Konjunkturzyklus und auch von der Politik der Zentralbank und ihrem ›Leitzins‹ bestimmt wird. Wenn das Zinsniveau steigt, steigen die Kreditkosten der Bank. Weil die vergebenen Kredite unveränderte Zinsen abwerfen, mindert sich die Zinsspanne und damit der Gewinn der Bank.

Verschuldung brutto und netto

Das Verhältnis von Geldkapital einerseits und Industrie- und Handelskapital andererseits muss schließlich von der gesamtgesellschaftlichen Seite betrachtet werden. Beide Seiten verwerten sich im Produktionsprozess, indem durch die Nutzung der Arbeitskraft den erzeugten Waren Mehrwert zugefügt wird, der als Profit erscheint. Dieser Profit, der dem Produktionsprozess entstammt, wird danach zwischen Industrie-/Handelskapital und dem Geldkapital umverteilt. Das geschieht in der oben skizzierten Weise, dass der Bank, also dem Geldkapital der Zins ausbezahlt wird. Die Höhe dieses Anteils hängt zum einen vom Zinsniveau ab. Sie hängt aber natürlich vor allem vom Anteil ab, den die Bank am Kapitaleinsatz übernommen hat. Je höher der Einzelkapitalist sich verschuldet, desto höher werden seine Zinszahlungen. Das gilt auch für das Gesamtkapital. Je höher das in Produktion (und Handel) tätige Kapital sich verschuldet, desto höher der Anteil des Bankkapitals am Gesamtprofit. Das gilt, obwohl seine Verschuldung durch die Hebelwirkung seine individuelle Profitrate erhöht. Die Industriekapitalisten erhöhen ihre Verschuldung dann, wenn sie nicht genug Eigenkapital haben, um die angestrebte Investition darzustellen. Sie nutzen zweitens die höhere Verschuldung, um ihre eigene Profitrate zu erhöhen. Das Geldkapital ist generell an einer möglichst hohen Vergabe an Krediten interessiert. Der limitierende Faktor ist die Anzahl der guten Schuldner.

Der Verschuldungsgrad des Industrie- und Handelskapitals ist keine feste Größe. Es gibt keinen quasi-natürlichen und auch keineswegs einen optimalen Grad der Verschuldung. Es ist sonderbar, dass es beides auch in der Theorie nicht gibt – weder in der heute dominierenden neoklassischen Volkswirtschaftslehre noch in den unorthodoxen Lehren. Soweit ich weiß, auch nicht bei Karl Marx, der allerdings sein »Kapital« nicht vollendet hat. Michael Hudson schreibt lakonisch: »Da man nicht erwartet hatte, dass der Finanzsektor die industrialisierten Volkswirtschaften mit Schulden überhäufen würde, hat auch niemand eine quantitative Theorie darüber zu entwickeln versucht, wie viel Schulden die Volkswirtschaften sich leisten können« (Hudson, Finance as Warfare, S. 89).

Die Verschuldung einer ganzen Volkswirtschaft wird in der statistischen Darstellung meist in der Nähe von null dargestellt. Das liegt an der einfachen Tatsache, dass in der Tat des einen Schulden des anderen Guthaben oder Finanzvermögen darstellen. Für die gesamte Volkswirtschaft verrechnen sich die beiden Posten netto auf null. Tatsächlich aber besteht ein großer Unterschied, ob ein Teil der Bevölkerung bei einem anderen sehr hoch verschuldet ist oder ob die gegenseitige Verschuldung sehr gering ist. Es ist eine Frage der Brutto-Verschuldung. Auch die Netto-Verschuldung ist allerdings von gewissem Interesse. In der volkswirtschaftlichen Gesamtrechnung wird sie in vier verschiedenen Sektoren zusammengefasst: nichtfinanzielle Unternehmen, private Haushalte, Staat und Ausland. Die Finanzunternehmen (Banken) erscheinen in dieser Darstellung nicht. Denn ihre Schulden entsprechen, abgesehen von ihrem Eigenkapital, exakt der Höhe der von ihnen ausgereichten Kredite. In der Finanzierungsrechnung kapitalistischer Volkswirtschaften finanzieren üblicherweise die Haushalte die

Unternehmen, die per saldo Kredite aufnehmen, also ihre Verschuldung erhöhen. Bemerkenswert ist, dass die Verschuldung der deutschen Unternehmen in den letzten Jahrzehnten zurückgegangen ist. Das ist ein Ausdruck dafür, dass sie einerseits hohe Gewinne aufweisen und andererseits relativ wenig investieren. Auch der Staat hat in Deutschland seine Verschuldung zurückgefahren, sodass in der Finanzierungsrechnung als Kreditnehmer per saldo nur noch der Sektor Ausland auftaucht.

3.
Der Kapitalmarkt

Während sich auf dem Arbeitsmarkt Kapitalisten und Arbeiter begegnen und die Ware Arbeitskraft gegen Lohn tauschen und während auf dem Gütermarkt Kapitalisten die produzierten Waren anderen Kapitalisten, aber auch Angehörigen aller anderen Klassen und Schichten gegen Geld verkaufen, ist der Kapitalmarkt ein innerer Ort des Kapitals. Hier wird Kapital gegen Geld und Geld gegen Kapital, eigentlich also Kapital gegen Kapital getauscht. Hier tauscht sich Kapital sozusagen selbst aus. In der Gesamtbetrachtung der kapitalistischen Reproduktion ist der Ort zentral. Hier ist die herrschende Klasse unter sich und hier findet der Ausgleich der Profitraten statt, der dem Wertgesetz zum Durchbruch verhilft und zugleich über die Investitionen des Gesamtkapitals und damit die ökonomische Entwicklungsrichtung der vom Kapital beherrschten Gesellschaft entscheidet.

Was geschieht hier im Detail? Ein industrieller Kapitalist hat soeben die von seinen Arbeitern produzierten Waren zu Geld gemacht. Er entscheidet, den Teil des Geldes, den er nicht zur Fortführung seiner Fabrik unmittelbar braucht, nicht in eine Erweiterung seiner Fabrik zu stecken, sondern in anderen, profitableren Branchen »arbeiten« zu lassen. Da er sich in keiner anderen Branche auskennt und weil der Gewinn nicht groß genug scheint, um eine Anfangsinvestition in einer anderen Branche zu tätigen, stellt er den Betrag seiner Hausbank als Einlage mit längerer Kündigungsfrist und deshalb etwas höherem Zins oder noch besser als Fondsanteil gegen Gewinnbeteiligung am Fonds zur Verfügung. Der jetzt der Bank zur Verfügung stehende Geldbetrag, ob Fonds oder nur Einlage (=Kredit), ist durch die Transaktion nun zu Geldkapital geworden. Der Kapitalist ist das Geld los. Er erhält dafür den Vertrag oder das Versprechen der Bank auf Rückzahlung bei Kündigung plus Zinsen bzw. Gewinnbeteiligung des Fonds. Er ist insofern zum Rentier geworden, der leistungsloses Einkommen bezieht. Er hat, wie man so sagt, Geld »gespart«, er hat es nicht ausgegeben, er hat den Gewinn aus seiner Firma gezogen, um ihn in einer (unbestimmten) anderen Branche mit Gewinn arbeiten zu lassen.

Die Bank ihrerseits füllt mit dem Geld den (möglichst hauseigenen) Fonds auf, der mit dem Geld nichts weiter tut, als Wertpapiere oder Immobilien zu kaufen, und deren Erträge einzustreichen und sie – nach Abzug einer hübschen Kommission – den Fondsanteilbesitzern auszuschütten. Im Fall der Einlage werden die liquiden Mittel der Bank gestärkt. Sie erhöhen den Handlungsspielraum der Bank. Sie kann im Fall größerer Zahlungen dank dieses Geldbetrages insoweit ohne teuren anderweitigen Kredit, zum Beispiel anderer Banken auskommen. Die Entscheidung darüber, in welcher Branche, Firma oder welchem Land das vereinnahmte Geld schließlich »tätig« sein wird, fällt mit den Kreditentscheidungen der Bank.

Die Bank als Kreditgeber ist das typische Fallbeispiel zweier Transaktionen auf dem Kapitalmarkt. Die Banken sind einerseits Vermittler im Kapitalverkehr, indem sie die »Ersparnisse« der Bürger sammeln. Sie sind andererseits aber die Entscheider darüber, was mit diesem Geld geschieht und, wie oben gezeigt wurde, auch Entscheider darüber, was mit neu zu schaffendem Geld geschieht. Der Kredit ist die bei weitem wichtigste Form, in der Kapitalverkehr sich vollzieht. Die Kreditinstitute sind deshalb die bestimmenden, die wichtigsten Akteure auf dem Kapitalmarkt.

Interessant an beiden Geschäften ist, dass das, was da getauscht ist, Geld ist. Wenn der Industriekapitalist Geld bei der Bank einzahlt, ist es vermutlich nicht Bargeld in Form von Scheinen und Münzen, sondern ein Übertrag vom Geschäftskonto seines Betriebes, den er – so nehmen wir an – als Alleininhaber der Firma rechtlich unangefochten vollziehen kann. Die Entscheidung, dass er einen Teil des Gewinns dieses Betriebes anderswo investieren will und deshalb auf ein »Kapitalkonto« der Bank übertragen lässt, ist formal eine Nichtigkeit. Dieses Kapitalkonto bietet im Regelfall höhere Zinsen und ist deshalb mit einer längeren Kündigungsfrist/Laufzeit des Kredits versehen. Rechtlich ist die Kapitaleinlage ebenso ein Kredit des Kapitalisten an die Bank wie die einfache Giroeinlage, die es vorher war. Der Tausch des einen Kredits in einen anderen hat nur den Charakter des Geldes geändert. Die Bank ist unverändert Schuldnerin und verfügt über den Geldbetrag. Doch ist es nicht mehr Geldkapital, das sich im Betrieb des Kapitalisten verwertet, sondern Geldkapital, das an der allgemeinen Verwertung des Kapitals teilhaben soll.

Deutlicher ist die Angelegenheit, wenn der Kapitalist Fondsanteile erwirbt. Die Verfügungsgewalt geht dabei an die Fondsgesellschaft über, die oft (und nicht zufälligerweise) eine Tochtergesellschaft der Bank ist. Es wird in der Regel kein Zins, sondern die Teilnahme an der Gewinnausschüttung des Fonds vereinbart. Der Kapitalist hat nach der Transaktion keinen Kreditvertrag, sondern Fondsanteile in seinem Besitz. Der Fonds setzt das eingesammelte Geld auf dem Kapitalmarkt ein, kauft – je nach Art des Fonds – Aktien, Anleihen, Rohstoffe oder Immobilien, bezieht Zinsen, Dividenden und Mieten und versucht durch günstigen Verkauf dieser Waren und Wertpapiere zusätzliche Gewinne zu erzielen. Auch hier handelt es sich um Geldkapital, das an der allgemeinen Verwertung des Gesamtkapitals teilhaben soll.

Marx hat für diese Ansprüche auf Zins oder Gewinnausschüttung den durchaus abfällig gemeinten Ausdruck »fiktives Kapital« verwendet. Gemeint ist damit, dass den jeweiligen Ansprüchen kein wirkliches Kapital zugrunde liegt. Er folgt damit anderen klassischen Ökonomen wie David Ricardo, die »fictitious capital« in Gegensatz zum »real capital« stellen und das Ausufern des Kredits meinen (vgl. Krätke, S. 92). Marx schreibt: »Die Form des zinstragenden Kapitals bringt es mit sich, dass jede bestimmte und regelmäßige Geldrevenue als Zins eines Kapitals erscheint, sie mag aus einem Kapital entspringen oder nicht. Erst wird das Geldeinkommen in Zins verwandelt, und mit dem Zins findet sich dann auch das Kapital, woraus es entspringt« (MEW 25, S. 482). Als typisches Beispiel gilt ihm die Praxis, »jede regelmäßig sich wiederholende Einnahme« zu »kapitalisieren«. Eine jährliche Einnahme von 100 Pfund wird somit durch einen Durchschnittszins von 5 Prozent auf ein fiktives Kapital von 2000 Pfund zurückgerechnet. Ob dabei ein wirkliches Kapital vorhanden sei oder nicht, spiele keine Rolle. Als typisches Beispiel dient Marx dabei die Staatsschuld. Wer für 2000 Pfund Staatstitel mit 5 Prozent Verzinsung erwerbe, für den »stellen die 100 Pfund jährliche Einnahme dann in der Tat die Verzinsung seines angelegten Kapitals zu 5 Prozent vor« (ebd., S. 482). Von einem realen Kapital könne im Fall des Staates aber keine Rede sein.

Auch Aktien sind Marx zufolge fiktives Kapital, obwohl sie Ansprüche auf fungierendes, reales Kapital darstellen. Denn, so sein Argument, sie »werden nämlich zu Waren, deren Preis eine eigentümliche Bewegung und Festsetzung hat« (ebd., S. 485). Es sind die Marktbewegungen dieser Wertpapiere, Wechsel, Aktie, Staatsanleihe, Hypothek, die ihnen den Anspruch geben, selber Kapital zu sein.

Demgegenüber beharrt Marx darauf, dass Kapital tatsächlicher Wert sein muss. Es muss als produzierendes Kapital die Form von Produktionsanlagen, Rohstoffen und Arbeitskräften haben. Es nimmt dann die Form der Wert und Mehrwert enthaltenden Ware an, um schließlich durch Verkauf zu Geld zu werden. Die Wertpapiere, für Marx nur fiktives Kapital, sind eben nicht selbst Kapital. Vielmehr repräsentieren sie es nur. Alle Siemens-Aktien sind nicht das Unternehmen Siemens selbst, sondern nur die Eigentumstitel auf Siemens. Die Eigentümer der Aktien sind zugleich Eigentümer von Siemens. Dennoch besteht ein Unterschied. Die fiktive Eigenschaft von Aktien und Anleihen äußert sich laut Marx auch in ihrer sonderbaren Preisbildung im Börsenhandel oder – allgemeiner – dem Kapitalmarkt. Die Kurse der Siemens-Aktien und der Bundesanleihen haben mit dem Wert des Unternehmens Siemens oder dem finanziellen Zustand des deutschen Staates nur sehr vermittelt etwas zu tun. Vielmehr bestimmen spekulative Bewegungen diese Preise. Der »Kapitalgewinn«, den der Spekulant macht und den er selbst sowie der Fiskus bei der Besteuerung so nennen, ist wie Marx anmerkt, keineswegs kapitalistischer Gewinn/Profit oder gar Mehrwert. Er ist vielmehr Spekulationsgewinn.

Ob dem Anspruch auf Zahlung reales bzw. fungierendes Kapital zugrunde liegt oder nur ein Kredit, dessen Zinsanspruch die regelmäßige Zahlung begründet, ist im Verhältnis der Kapitalisten zueinander herzlich egal. In der bürgerlichen Gesellschaft haben diese Rechtsansprüche hohe Geltung und Durchsetzungskraft. Die kapitalistische Gesellschaft ist darauf angewiesen, dass diese Rechtstitel honoriert werden, auch im Falle der Zahlungsunfähigkeit. Das Konkursrecht ist für den Kapitalismus ebenso unerlässlich wie das Vertragsrecht. Beides muss durchgesetzt werden. Auch Geld, ob in Form der Banknote oder als Guthaben bei der Bank, ist deshalb auch »fiktiv«. Nicht mehr die mehr oder weniger wertvolle Ware Gold oder Silber, zu deren Produktion erhebliche Arbeitskraft erforderlich ist, wird zur Zahlung verwendet, sondern eben stattdessen Rechtstitel auf diesen Wert.

Die Existenz des Kreditwesens und des fiktiven Kapitals bewirkt schließlich eine scheinbare Verdoppelung des realen Kapitals. Auch hierzu ein Marx-Zitat: »Mit der Entwicklung des zinstragenden Kapitals und des Kreditsystems scheint sich alles Kapital zu verdoppeln und stellenweise zu verdreifachen durch die verschiedne Weise, worin dasselbe Kapital oder auch nur dieselbe Schuldforderung in verschiednen Händen unter verschiednen Formen erscheint« (MEW 25, S. 488).

Allerdings, Verdoppelung von Wert tritt bereits mit der Existenz von Geld als allgemeinem Äquivalent auf. Die Tauschwerte der Waren spiegeln sich in der Geldware. Und eine Spiegelung ist ja nichts anderes als eine scheinbare Verdoppelung. Im Kredit wird diese Verdoppelung noch um eine Stufe weniger erkennbar. Was vor der Kreditvergabe eine einfache Geldsumme war, teilt sich mit der Kreditvergabe in zwei gleich große Teile. Der Kreditnehmer erhält die Geldsumme. Der Kreditgeber erhält dafür einen Anspruch auf Rückzahlung dieser Summe samt Zinsen. Beide sind in der Summe nicht reicher geworden. Allenfalls hat der Kreditgeber die Aussicht auf den Zins, der ihn reicher sein oder scheinen lässt. In der Gesellschaft als Ganzes betrachtet aber scheint sich der Reichtum verdoppelt zu haben. An dieser Stelle soll der merkwürdigen (und lediglich scheinbaren) Verdoppelung von Wert durch den Kredit nicht weiter nachgegangen werden. Der Hinweis soll genügen, dass die Eigenschaft des fiktiven Kapitals, den Schein der Vervielfachung von Reichtum zu erzeugen, schon eine Eigenschaft der Gläubiger-Schuldner-Beziehung und des Geldes ist. In »Geld – der vertrackte Kern des Kapitalismus« habe ich versucht plausibel zu machen, dass Geld im heutigen Kapitalismus vorwiegend die Form des fiktiven Kapitals annimmt. Das Papiergeld, die gewöhnlichen Banknoten, sind der Form nach Schuldpapiere der Zentralbank, selbst wenn sie nicht mehr wie in früheren Zeiten verpflichtet ist, dafür Edelmetall herauszurücken. Der Computereintrag, der meinen Kontostand festhält ist, gibt die Schulden der Bank mir gegenüber an und ist zugleich mein Geld. Nur dieses Bargeld ist nicht explizit zugleich Geldkapital, weil es keinen Anspruch auf Zinsen verbürgt. Das Girokonto befindet sich in einem Zwischenstadium. Meist hat der Kontoinhaber keinen Zinsanspruch. Doch verwendet die Bank den Betrag als ihr zur Verfügung stehendes Geld und tut alles, damit es sich als Geldkapital möglichst rentierlich verwertet. Die Siemens-Aktie, die nicht mehr gedruckt, sondern im elektronischen Depot bei der Bank verwaltet wird, ist eine von Siemens herausgegebene eigene Währung, die zur Übernahme anderer Unternehmen und zur Bezahlung des oberen Managements dient. Die Anleihen der Staaten, Banken und der nichtfinanziellen Unternehmen machen den größten Posten des auf dem Kapitalmarkt gehandelten fiktiven Kapitals aus.

Begriffsklärung 1: Geldkapital, fiktives Kapital

Industriekapital ist dasjenige Kapital, das sich in der industriellen Produktion verwertet. Der ursprüngliche Geldbetrag wurde bereits in Produktionsanlagen, Rohstoffe etc. sowie Arbeitskräfte getauscht. Letztere produzieren Waren, die wieder in Geld getauscht werden, und zwar – das ist schließlich die Pointe – in mehr Geld als der ursprüngliche Betrag. **Geldkapital** ist Kapital, das sich verwertet, indem es als Geld verliehen wird. Anders ausgedrückt wird das Geld in einen Schuldvertrag getauscht, der neben der Rückzahlung – und das ist hier die Pointe – auch die Zahlung von Zinsen beinhaltet. Geldkapital sind also im Wesentlichen die Banken, im Deutschen auch Kreditinstitute genannt. Dazu kommen Versicherungen, Fonds und Makler. Man kann das Geldkapital auch den »Finanzsektor«, die »Finanzwirtschaft« oder sogar die »Finanzindustrie« nennen. Der letztere Ausdruck hat sich in den letzten Jahren aus dem Englischen kommend eingebürgert. Er trägt zur Verwirrung bei, denn mit den Begriffen soll ja gerade das Geldkapital von der Industrie unterschieden werden.

Geldkapital ist ein altes Gewerbe. Banken gab es bereits in den Staaten und Stadtstaaten der Frühantike. Sie machten beim Geldwechseln Handelsgewinn und beim Geldverleih Zinsgewinn, der ihr Geld vermehrte und es zum Modell des Kapitalismus werden ließ, das da heißt, aus Geld mehr Geld zu machen. Es ist insofern verständlich, wenn auch ein wenig beschränkt, wenn Banker wie zum Beispiel der frühere Chef der Deutschen Bank Josef Ackermann, glauben und öffentlich behaupten, in ihrer Branche würden »Werte geschaffen«. Geldkapital muss nicht an den Staat, an Konsumenten oder an Kapitalisten verliehen werden. Banker leihen sich notorisch gegenseitig Geld. Das Geld- und Finanzsystem basiert darauf. Es entstehen deshalb Kreditketten und Finanzblasen, die durch neue Bank- und Fondstypen sowie durch neue Finanzprodukte variiert, aneinandergereiht und aufgeblasen werden. In Finanzkrisen zeigt sich, dass die in den Kredit- und Finanzverträgen implizierten Schulden nicht zurückgezahlt, geschweige denn bedient werden können.

Diese Kredit- und Finanzverträge sind die »Materie«, woraus Geldkapital heute besteht. In der Bankbilanz stehen auf beiden Seiten, links die Guthaben, rechts die Verbindlichkeiten, auf Geld lautende Kredite und Wertpapiere. Diese Ansprüche auf Zahlung, diese Materie hat Marx wie erwähnt **fiktives Kapital** genannt. Fiktiv deshalb, weil hinter diesen Ansprüchen kein reales Kapital in Form von Grund und Boden, Fabriken, Rohwaren oder Arbeitskräften zugrunde liegen muss und weil es eben nicht selbst Kapital, sondern nur der Rechtstitel auf einen Anteil an einem Kapitalgewinn ist. Unglücklich ist der Ausdruck vielleicht deshalb, weil er suggeriert, das fiktive Kapital sei keine Wirklichkeit, sondern nur Imagination. Es ist aber eine höchst reelle Imagination. Rechtstitel auf Eigentum sind in kapitalistischen Ländern heilig. Nur weil sie durchgesetzt werden, kann das Ausbeutungssystem bestehen, kann Arm und Reich weiter geschieden und können Länder und Völker unterworfen und ausgeplündert werden.

4.
Die Kombination aus industriellem Monopol und Bank

Der Kapitalismus verändert sich gegen Ende des 19. Jahrhunderts. Aus der Masse der Kapitale entwickeln sich einige zu »Monopolen«. Das bleibt kein vorübergehender Zustand, sondern bestimmt den Kapitalismus auf Dauer. Die Dominanz einiger Kapitale über den Rest, die große Masse der Kapitale und Kapitalisten wird zum wichtigen Strukturmerkmal des Kapitalismus. Zwar bleibt er diejenige Produktionsweise, in der sich der Kapitalist durch die Verwertung der Arbeitskraft gesellschaftlich produzierten Mehrwert privat aneignet. Auch die Triebkräfte des Kapitalismus bleiben, was sie sind: die Suche nach dem größtmöglichen Profit und die Konkurrenz der Kapitalisten untereinander. Aber einige dieser Kapitale werden zu Monopolen. Sie sind zwar immer noch der Konkurrenz unterworfen. Sie sind zugleich aber systematisch und einigermaßen dauerhaft in der Lage, im Konkurrenzkampf zusätzliche ökonomische Vorteile zu erringen.

Die Veränderung des Kapitalismus der (einigermaßen) freien Konkurrenz zum monopolistischen Kapitalismus ist von den Zeitgenossen, die diese Veränderung erlebt haben, bewusst als Monopolbildung erlebt worden. Die Presse der damaligen Zeit beschwert sich über Kartelle, Trusts, Preisabsprachen und eben Monopole. Die Klassenkämpfe richten sich vermehrt gegen dominante Monopole. Das ist sehr gut beschrieben beispielsweise in Howard Zinns »A People's History of the United States«. Unter den Sozialisten, die den veränderten Kapitalismus kontrovers diskutieren, finden sich in englischer Sprache Gaylord Wilshire und John Hobsons »Imperialism« (1902). In der Diskussion auf Deutsch ragen Friedrich Engels, Karl Kautsky, Rosa Luxemburg und vor allem Rudolf Hilferding mit seinem »Das Finanzkapital« (1910) hervor. Auf Russisch sind es Nikolai Bucharin und Wladimir I. Lenin. Lenins Broschüre »Der Imperialismus als höchstes Stadium des Kapitalismus«, die er 1916 verfasst hatte, erschien im April 1917. Lenin bezieht sich positiv auf Hobsons und Hilferdings Schriften. Er fasst die Bedeutung der Monopole, die Entstehung und Herrschaft des Finanzkapitals und die damit entstehende Formwandlung des Kapitalismus in sein imperialistisches Stadium so zusammen, dass es den Zeitgenossen noch während des Weltkrieges, aber eben auch heute als plausible Theorie der Produktionsweise und ihrer politischen Systeme erscheint. Die kommunistische Weltbewegung hat sich die wesentlichen Elemente der Theorie zu eigen gemacht. Auch andere Sozialisten, die ansonsten mit Strategie und Taktik der Kommunisten keineswegs einverstanden waren, stimmten der These von einer wichtigen Formwandlung des Kapitalismus durch die Vorherrschaft des monopolistischen Kapitals zu. Ein bemerkenswertes Beispiel dafür ist das Buch »Monopoly Capitalism« der US-Amerikaner Paul A. Baran und Paul M. Sweezy, das 1966 publiziert wurde.

Begriffsklärung 2: Monopol

Ein **Monopol** hat dem Wortsinn nach ein alleiniger Verkäufer einer Ware oder einer Gruppe von Waren inne. Der Begriff leitet sich ab von ›monos‹ = einzig, allein und ›polein‹ = verkaufen. In der Ökonomie wird der Begriff auch meist entsprechend eng gebraucht. Ein Monopol oder ein Monopolist ist ein Unternehmen, das oder der auf einem Markt, aus welchen Gründen auch immer, einziger Anbieter einer bestimmten Ware ist. Ein klassisches Beispiel aus der jüngeren Vergangenheit war in Deutschland zum Beispiel die Post, die das vom Staat verliehene Liefermonopol von Briefen und Paketen innehatte. Nicht ganz so klassisch ist das Monopol der Firma Microsoft für ihre PC-Software ›Windows‹. Weil es auch Linux gibt und Apple seine Geräte ohne Windows laufen lässt, ist dieses Monopol nicht wirklich komplett. Es ist jedoch immer noch außerordentlich profitabel. Monopole sind in der Lage, überhöhte Preise zu nehmen, weil die Käufer nur die Wahl haben, den überhöhten Preis zu zahlen oder auf das Produkt zu verzichten.

Monopolisten können auch starke Machtpositionen als Käufer haben. Typische Beispiele sind die Autokonzerne, die den Lieferanten niedrige Preise und enge Lieferbedingungen diktieren. Typische Einkäufermonopole sind Lebensmittelkonzerne und Supermärkte, die den Produzenten von Milch, Getreide und Fleisch nur minimale Abnahmepreise zugestehen.

Bei den Rohstoffen kommt es Ende des 19. Jahrhunderts zur vertikalen Integration. Die Kohleförderung und Stahlproduktion wird in gemeinsamen Trusts unter einheitliche Kontrolle gestellt und die Erstverarbeitung von Metallen durch Gießereien und Walzwerke zu großen Teilen in die Konzerne integriert. Die Schwerindustrie jeder Nation wird unter einheitlicher Leitung zusammengefasst. In den USA spielte dabei der Banker John Pierpont Morgan eine entscheidende Rolle. 1901 kontrollierte Morgan etwa 2/3 der nationalen Stahlproduktion. Die Stärke des Monopols bestand auch darin, dass er die Abnehmerindustrien (die Hälfte des Eisenbahnstreckennetzes) und Schiffbau und Reedereien beherrschte. Die Erdölindustrie organisiert praktisch von Beginn an Förderung, Verarbeitung und Endabsatz in einheitlichen Kartellen, deren bedeutendstes, die US-Gesellschaft Standard Oil Co. unter John D. Rockefeller, die schnell wachsende Industrie beherrschte. Generell lässt sich sagen, dass die Monopolisierung bei den Rohstoffen beginnt und erst später die konsumnahen Bereiche erfasst. Für sie sind regionale Monopole typisch, die es auch in der dem Rohstoffbereich zugehörigen Zementindustrie gibt.

In der Alltagssprache und der politischen Diskussion wird Monopol in einem erweiterten Sinn gebraucht, wenn nämlich Unternehmen in der Lage sind, überhöhte Preise zu nehmen oder schlechte Ware zu liefern oder beides. Ähnlich allgemein wird der Begriff in der marxistischen Literatur verwendet. Ganz allgemein sind da Monopole Kapitale oder Kapitalgruppen, die durch schiere Größe oder sonstige Faktoren in der Lage sind, Extraprofite zu erzielen. Das kann als Definition genügen. Unbestreitbar ist, dass es solche Monopole in Hülle und Fülle gibt. Unbestreitbar ist auch, dass sie als ökonomisch (und demnach auch politisch) Mächtige einen Extraprofit einstreichen. Unglücklich ist nach wie vor der Begriff für diese häufige Erscheinung. Das Wort monos heißt nun mal einzig. Einzig ist aber nicht gemeint. Die bürgerlichen Ökonomen haben ein anderes Wort ›Oligopol‹ von griechisch ›oligoi‹ = wenige. Das trifft die Sache nicht schlecht, zum Beispiel die wenigen Autokonzerne, die den weltweiten Automarkt unter sich ausmachen. Der Nachteil ist nun aber die Enge der akademisch zugelassenen Volkswirtschaftslehre. Sie schaut sich, wenn überhaupt, nur den Automarkt an. Das eigentlich Interessante an den Mono- oder Oligopolen ist aber ihre gesellschaftliche Macht in allen Bereichen, die sie zur Extraausbeutung befähigt, welche über die einfache des gemeinen Kapitalismus mit einigermaßen Konkurrenz noch weit hinausgeht.

Dass Monopole für den Rest der Gesellschaft, einschließlich der nichtmonopolistischen Kapitalisten schädlich sind, darüber sind sich die politisch Liberalen und die von ihnen bestimmte Volkswirtschaftslehre einig. Der Extraprofit der einen geht vom Einkommen/Profit der anderen ab. Zudem gilt als unbestritten, dass die Marktbeherrschung durch Monopole zur »Fehlallokation der Ressourcen« führt, etwa dadurch, dass die Monopolisten unproduktive Investitionen tätigen, die allein den Zweck haben, ihre Macht- und Marktposition zu festigen.

Die Lancierung neuer Versionen der Windows-Software durch Microsoft, die mit immer neuem Schnickschnack versehen werden, das Ausreizen des Diesel- und Benzinmotors mit auch kriminellen Mitteln, das Wuchern der Werbung sind offensichtliche Beispiele. Rockefellers Ölgesellschaft war Zielobjekt der ersten Antikartellgesetzgebung durch den »Sherman-Act« 1890. Franklin D. Roosevelt hat im Rahmen des New Deal vor dem Zweiten Weltkrieg einige Großkonzerne tatsächlich zerlegt. In Deutschland haben die »Ordoliberalen« nach dem Zweiten Weltkrieg die gegen die damals sehr populären Sozialismusvorstellungen gerichtete Theorie entwickelt, dass es Aufgabe des Staates sei, gegen Monopole vorzugehen. Über ein Bundeskartellamt und die sogenannte Monopolkommission hinaus, ist daraus wenig geworden. In unwichtige, kleine Monopole wurde eingegriffen, und gelegentlich wurden Strafen wegen Preisabsprachen verhängt.

Dass Monopole die Märkte – bis zu einem gewissen Grad – zu ihren Gunsten manipulieren können, darüber sind sich bürgerliche und marxistische Ökonomen einig. Letztere stellen fest, dass das Wertgesetz teilweise ausgehebelt wird, die Preise systematisch nicht ihren Werten entsprechen, dass also die Waren nicht zu ihren Werten (im Verhältnis der zu ihrer Produktion notwendigen Arbeitszeit) getauscht werden. Offensichtlich ist auch, dass die Monopole aus ihrer Position einen Vorteil ziehen. Sie streichen durch besonders niedrige Einkaufspreise und/oder besonders hohe Verkaufspreise über den gewöhnlichen Profit hinaus einen Extraprofit ein. Der Extraprofit geht entweder auf Kosten von Nicht-Kapitalisten, zum Beispiel Arbeitern, deren Lebenshaltungskosten steigen, und/oder auf Kosten anderer Kapitalisten, deren Profit gemindert wird. Die Profitraten der Monopolisten unterscheiden sich von denen der nichtmonopolistischen Kapitalisten.

Marx stellt in seiner Analyse des Kapitalismus, in dem Monopole noch keine entscheidende Rolle spielen, eine Tendenz zum Ausgleich der Profitraten fest. Die Tendenz ergibt sich daraus, dass Kapital in die Branchen strömt, wo besonders hohe Profitraten üblich sind. Weil dieses zufließende Kapital für überdurchschnittliches Produktionswachstum und größere Konkurrenz in diesen Branchen sorgt, geht die Profitrate in diesen Branchen zurück. Interessant ist dabei, dass Marx den durchschnittlichen Profit als Markierungsgröße eingeführt hat. Der Durchschnittsprofit ist zunächst eine rechnerische Größe. Sie ist gleich der Summe des Gesamtprofits aller Kapitale geteilt durch die Summe dieser Kapitale. Der Durchschnittsprofit, besser die durchschnittliche Profitrate, wird natürlich nicht von jedem Kapital erreicht und von manchem überschritten. Es ist eben die Durchschnittsprofitrate – sie ist aber auch die Profitrate des Gesamtkapitals, jene Rate, mit der sich alles Kapital als Gesamtheit betrachtet vermehrt oder besser verwertet. Für das Einzelkapital stellt sich die Realität der Durchschnittsprofitrate als Zwang (und Bedürfnis) dar, sie – mindestens – zu erzielen. Auf diese Weise ist die zunächst rechnerisch erscheinende Durchschnittsprofitrate gleichzeitig eine gesellschaftliche Größe und auch Ausdruck für eine gesellschaftliche Beziehung der Kapitale untereinander. Die Konkurrenzbewegung der Kapitale untereinander strebt einer Angleichung der Profitraten zu. In dieser Bewegung verwirklicht sich im Kapitalismus das Wertgesetz.

Einschub: Moderne Monopole

Woher der Gewinn der großen Internet-Konzerne stammt

Seit es das Internet gibt, scheint sich der gute alte Kapitalismus noch einmal verändert zu haben. Er heißt jetzt »digitaler Kapitalismus«. In ihm scheinen früher gültige ökonomische Gesetze nicht mehr zu gelten. Zum Beispiel das Wertgesetz. Es besagt, dass Waren (und Dienstleistungen) der Tendenz nach gemäß der zu ihrer Herstellung erforderlichen Arbeitszeit getauscht werden. Auch der bürgerlichen Ökonomie zufolge gibt es (im Regelfall) nichts umsonst, sondern es müssen die Kosten zur Produktion und Bereitstellung der Waren und ein kleiner, aber wichtiger Aufschlag (der Gewinn) dazu hereingespielt werden.

Seit den 90er Jahren des vorigen Jahrhunderts scheinen die Grundregeln der Warenproduktion nicht mehr durchweg zu gelten. Dienstleistungen rund um das Internet werden umsonst feilgeboten. Der E-Mail-Account, der schon Teil meiner Identität als Mensch und Autor geworden ist, wird gratis für mich auf dem Laufenden gehalten, und die Jungunternehmen »Twitter« und »Facebook« stellen Netzwerke zum allgemeinen Austausch von Nettigkeiten zur Verfügung. Im digitalen Kapitalismus fällt noch etwas anderes auf. Die »Wertschöpfung« hängt scheinbar nicht mehr mit der Arbeit zusammen. Der Umsatz von Google und Facebook ist nur ein klein wenig höher als der Gewinn. Er wird mit ganz wenigen Angestellten produziert, die ohnehin nur in der Entwicklungs- oder der Marketing-Abteilung arbeiten, also dem verkauften Produkt keinerlei Verarbeitung oder Wert zusetzen. Die Internet-Konzerne beuten also nicht mehr Arbeitskräfte aus wie die gemeinen Kapitalisten, sondern beuten stattdessen wie Rohstoffe die Daten aus, die wir ihnen als Nutzer bereitwillig zur Verfügung stellen. So lautet eine gelegentlich formulierte kühne These zur Wirkungsweise der Digitalökonomie.

Die sieben wertvollsten Unternehmen an der Börse sind allesamt solche Internet- oder Digitalunternehmen. Nur eines – Apple – verkauft auch Hardware. Ein anderes – Microsoft – ist der weltweite Software-Monopolist schlechthin. Die anderen fünf – Alphabet/Google, Amazon, Facebook und die beiden chinesischen Alibaba und Tencent Holding – sind in erster Linie nicht Produzenten und Entwickler der Technik, sondern Anwender.

Das Gemeinsame dieser sieben ist, dass sie außerordentlich hohe Gewinne aufweisen und dass die Spekulanten dieser

Welt ihnen zutrauen, auch in Zukunft stolze Gewinne einzufahren. Der Satz ist trivial, aber er führt direkt zum nächsten: Die hohen Profite sind – vielleicht ist auch das trivial – Ergebnis eines Monopols. Das Wort Monopol ist hier im Sinne der bürgerlichen Ökonomie gemeint: der (fast) einzige Anbieter in einem Markt zu sein, der deshalb besonders hohe Preise verlangen kann. Das ist bei Microsoft besonders offensichtlich. Alibaba und Tencent, Facebook und Google sind Unternehmen der Werbebranche. Auch ihre enorm hohe Profitabilität entstammt ihrer Monopolstellung. Das Monopol ist von der Art, wie es vormals die einzige Tageszeitung in einer deutschen Provinzstadt innehatte. Wer in der Stadt eine Information unter die Leute bringen wollte, kam an der lokalen Tageszeitung nicht vorbei. Er musste dort inserieren. Google und Facebook sind solche Werbemonopole. Ihre kostenlose Dienstleistung entspricht dem, was früher die lokale Tageszeitung an Information bereithielt und was in den Anzeigenblättchen auch heute noch kostenlos mitgeliefert wird. Nur umfasst das Monopol von Google und Facebook heute statt einer Provinzstadt den Globus.

Der Extragewinn, der sich aus der klassischen Monopolstellung ableitet, speist sich auch aus dem Mehrwert, aber typischerweise aus dem, den andere Kapitalisten den von ihnen ausgebeuteten Arbeitskräften abpressen. Alle sieben Börsenriesen verfügen außerdem mindestens über eine weitere Profitquelle. Es ist ihre schiere finanzielle Potenz. Wir haben es bei ihnen mit einer Art Fonds zu tun, die das in Hülle und Fülle hereinkommende Geld dazu verwenden, andere Unternehmen oder Teile davon zu erwerben. Es ist diese Geschäftstätigkeit, die Rudolf Hilferding und Wladimir Lenin dazu veranlasst hat, vom Finanzkapital als Form des Monopols zu sprechen. Apple und die anderen sechs Börsenwunder sind Monopole im bürgerlichen und im Leninschen Sinn.

aus: Unsere Zeit, 19.1.2018

Allgemein gesprochen ist das Monopol definiert als »reale Erscheinungsform der Konkurrenz, gekennzeichnet durch die längerfristige Blockierung in der Realisierung der keinesfalls aufgehobenen Tendenz zum Ausgleich der Profitraten« (Huffschmid, 1975, S. 16). Diese Formulierung wirkt ein wenig kompliziert, weil sie zugleich miterklärt, dass Monopole nicht der Gegensatz von Konkurrenz sondern eine Form der Konkurrenz sind. Worauf es in dieser Definition Huffschmids aber vor allem ankommt, dass das Monopol in der Lage ist, sich dem Gesetz zum Ausgleich der Profitraten teilweise, aber mit einer gewissen Dauerhaftigkeit zu entziehen. Es ist in der Lage, einen Extraprofit zu realisieren. Huffschmid argumentiert in dem zitierten Artikel, dass der Monopolbegriff »in der Analyse der inneren Wesensgesetze und Widersprüche der kapitalistischen Akkumulation angelegt ist« (ebd., S. 17). Marx selber beschreibt im Buch »Das Kapital«, wie das Kapital unter den Bedingungen der noch nicht monopolistischen, sondern »freien« Konkurrenz »organisch« wächst, wie die heutigen Manager das Wachstum durch den wieder investierten Profit nennen. Marx nennt das »Konzentration« des Kapitals. Marx beschreibt ferner, warum und wie es zur »Zentralisation« des Kapitals kommt und kommen muss, womit in heutiger Terminologie Zusammenschlüsse und Übernahmen gemeint sind.

Er beschreibt auch, dass dieser letztere Vorgang vor allem von Krisenprozessen befördert wird, die die einzelnen Kapitalisten zu Maßnahmen gegen drohende Entwertung zwingen und bereits entwertetes Kapital zur Übernahme reif machen. Das Ergebnis ist eine weitere Differenzierung der Kapitale nach Größe, Handlungsspielraum und Macht. Den Kapitalgruppen an der Spitze dieser hierarchischen Gesellschaft, genannt Monopole, gelingt es mit einer gewissen Dauer, einen Extraprofit zu realisieren. Die Vorteile der Großen finden Geltung in allen Phasen der Produktion/Verwertung: Als Käufer von Rohstoffen, Produktionsmitteln und Arbeitskräften können sie relativ beste Ware preiswert erwerben. Sie können bei der Produktion Skaleneffekte der Massenproduktion anwenden, systematisch technische Neuerungen entwickeln oder von anderen Kapitalen übernehmen, Vorteile beim Verkauf der produzierten Waren in Form höherer Preise und Sicherung des Absatzes erzielen. Schließlich verfügen die großen Kapitale über bessere Verbindungen zu Banken. Sie erhalten günstigeren Kredit.

Das Monopol braucht die Bank

Das Finanzkapital bildet sich aus Monopolen der Industrie und Banken (und anderen Geldkapitalisten). Es ist in lockeren oder auch eng geflochtenen Verbünden organisiert, deren Zusammenhalt durch gegenseitige Beteiligungen, durch Kreditbeziehungen und personelle Verflechtungen gewährleistet wird. Es gibt allerdings auch zahlreiche Monopole, die nicht oder nur vorübergehend in solchen Verbünden organisiert sind. In der Regel haben die Banken die informelle Führung in diesen Verbünden inne. Ihre Macht beziehen sie aus ihrer Stellung im Kapitalmarkt. Die Fähigkeit, den Kapitalmarkt (den Verkehr des fiktiven Kapitals) zu steuern, um nicht zu sagen zu kontrollieren, ist der zentrale Aspekt bei der Bildung und dem Erhalt der monopolistischen Extraprofite. Das Finanzkapital bildet sich Ende des 19. Jahrhunderts in allen kapitalistischen Ländern heraus. Es dominiert das jeweils nationale Kapital oder auch die nationale Bourgeoisie und übt die politische Macht in den jeweiligen Staaten aus. Auch in den mehr als hundert Jahren des monopolistischen Kapitalismus ist seitdem diese Grundstruktur erhalten geblieben. Auch wenn Klassenkämpfe, Krisen und Kriege zu Formwandlungen in ökonomischen Ausbeutung und politischer Herrschaftsausübung geführt haben.

Im noch entstehenden Kapitalismus der einigermaßen freien Konkurrenz waren die Banken nicht die wichtigsten Akteure. Ihr Kredit wurde gebraucht. Aber sie waren, wie sie heute noch vorgeben, »Dienstleister« für das schnell wachsende

Industriekapital. Damit Monopole tatsächlich zu dominanten Kapitalgruppen werden konnten, bedurfte es der Banken, die den Kapitalmarkt kontrollieren konnten. Kontrollieren ist vermutlich ein zu starkes Wort. Besser ist es vermutlich zu sagen, einige Großbanken waren dazu in der Lage, den Kapitalmarkt dauerhaft und immer wieder in die gewünschte Richtung zu manipulieren. Die Gründung der Deutschen Bank 1870 und die des Deutschen Reiches 1871 markieren in Deutschland vermutlich den Zeitpunkt, von dem an die Monopole sich herausbilden. Zu Anfang war diese Bank noch keine dominierende Großbank. Aber sie entwickelte sich rasch dazu. Die Großindustrie bediente sich ihrer vor allem im Auslandsgeschäft. Zur Jahrhundertwende hatten die neun in Berlin residierenden Großbanken einen Anteil von über 56 Prozent am gesamten Geschäftsvolumen des Kreditwesens (Pfeiffer, S. 19).

Bei der Organisierung von Konzernen zu Trusts und Monopolen spielen die Banker die wichtigste Rolle. Erstens gewähren sie Kredit. Sie entscheiden damit zusammen mit den Eigentümerkapitalisten über die Höhe des eingesetzten Kapitals und seine Konditionen. Das ist jedenfalls bedeutend wichtiger als was sonstige Lieferanten beitragen. Zweitens bestimmen sie als Emissionsbanken die übrige Geldkapitalbeschaffung des Unternehmens. Als professionelle Akteure am Kapitalmarkt betreuen sie Aktienemissionen, also die Organisierung von Mitaktionären, was der Beschaffung frischen Eigenkapitals gleichkommt. Die großen Banken sind professionelle Börsenmanipulateure, sie können entscheidend mitreden, zu welchem Preis und bei welchen Kapitalgruppen Anleihen und Aktien unterzubringen sind. Die Banken sind in den Aufsichtsräten der mit ihnen verbundenen Konzerne vertreten. Dieser Aspekt der Industriegruppenbildung gilt insbesondere in Deutschland als entscheidend. Bereits 1903 war die Deutsche Bank in 221 Industrieunternehmen durch mindestens einen Sitz im Aufsichtsrat vertreten (Pfeiffer, S. 31). Auch Lenin zitiert in seiner Imperialismusschrift die Angaben Jeidels über die intensive personelle Verflechtung der deutschen großen Banken mit den Industrieunternehmen. Schließlich führt dieser Prozess auch dazu, dass die Banken erhebliche Industriebeteiligungen erwerben.

Rudolf Hilferding schreibt: »Ich nenne das Bankkapital, also Kapital in Geldform, das auf diese Weise in Wirklichkeit in industrielles Kapital verwandelt ist, das Finanzkapital« (Hilferding, S. 309). Bei Lenin liest es sich so: »Die Folge ist einerseits eine immer größere Verschmelzung oder, nach einem treffenden Ausdruck von N. I. Bucharin, ein Verwachsen des Bankkapitals mit dem Industriekapital, und andererseits ein Hinüberwachsen der Banken in Institutionen von wahrhaft ›universalem Charakter‹« (Lenin, S. 46). Beide Autoren sind sich in dieser Hauptthese einig, dass Industrie- und Bankkapital zum ›Finanzkapital‹ verschmelzen. Hilferding ist dabei mit der Aussage, dass das Bankkapital der bestimmende Teil ist, etwas deutlicher, wie das folgende Zitat belegt. »Das Finanzkapital entwickelt sich mit der Entwicklung der Aktiengesellschaft und erreicht seinen Höhepunkt mit der Monopolisierung der Industrie. Der industrielle Ertrag gewinnt einen sicheren und stetigeren Charakter, damit gewinnt die Anlagemöglichkeit von Bankkapital in der Industrie immer weitere Ausdehnung. ... Es ist klar, dass mit zunehmender Konzentration des Eigentums die Besitzer des fiktiven Kapitals, das die Macht über die Banken, und desjenigen, das die Macht über die Industrie gibt, immer mehr identisch werden. Dies umso mehr, als wir gesehen haben, wie die Großbank immer mehr auch die Verfügungsgewalt über das fiktive Kapital gewinnt« (Hilferding, S. 309).

Konkret resultiert die »Verschmelzung« von Bank- und Industriekapital eher selten in einer juristisch festgelegten Organisation. Es ist im weiteren Sinne das Beteiligungssystem, womit, wie die genannten Autoren, aber auch viele andere Kritiker feststellen, ein Kapital durch eine Minderheit am Aktienkapital einer anderen Firma deren Geschäftspolitik bestens bestimmen kann. Das gilt umso mehr, wenn Kreditbeziehungen bestehen, und noch einmal mehr, wenn solche Subunternehmen durch personellen Einfluss mit dem herrschenden Kapital verbunden sind. Auch Industrie- und Handelsunternehmen verhalten sich da nicht anders als die Banken. Sie steuern die in ihrem ›Konzern‹ gesammelten Unternehmen durch eine Vielzahl von Maßnahmen wie zum Beispiel die Verfügung über Patentrechte, die Kalkulation der Verrechnungspreise, interne Kreditvergaben und die entsprechenden vorgeschriebenen Zahlungsverpflichtungen.

Hilferdings Hinweis auf die Verfügungsgewalt der Bank über das fiktive Kapital muss ergänzt werden um die Feststellung, dass der Industriekonzern ebenfalls über fiktives Kapital verfügt. In der Bilanz eines beliebigen Industriekonzerns gliedert sich die linke Seite (wo das Vermögen aufgeführt ist) in drei Teile. Ganz oben stehen die der Produktion des Unternehmens dienenden Gebäude, Grundstücke, Anlagen, die Patente, die Roh- und Vorprodukte, sowie die noch nicht verkauften selbst erzeugten Waren. Der zweite Teil besteht aus den Tochter- und Beteiligungsfirmen. Manchmal handelt es sich um eng mit dem Mutterkonzern verbundene und für den Konzern wichtige Subunternehmen. In den letzten Jahrzehnten ist allerdings die Gruppe der jederzeit veräußerbaren Beteiligungen immer länger geworden. Die Manager nennen das Umstrukturierung. In Wirklichkeit ist es Handel mit Unternehmen und Unternehmensbestandteilen. Der Konzern tritt hier wie ein Finanzinvestor auf, der Unternehmen möglichst billig einkauft, vorübergehend ihre möglichst hohen Gewinne einstreicht und sie anschließend möglichst teuer wieder verkauft. Der Konzern ist Akteur am Kapitalmarkt, er ist ganz wie die Bank Finanzkapital.

Hilferding schreibt, die Bank müsse »einen immer wachsenden Teil ihrer Kapitalien in der Industrie fixieren. Sie wird damit in immer größerem Umfang industrieller Kapitalist« (ebd., S. 309). Und ein paar Seiten vorher schreibt er: »Die Bank will aber ihr Eigenkapital vergrößern, um es industriell fixieren zu können« (ebd., S. 237). Ob beides generell gilt, muss bezweifelt werden. In den letzten zwanzig Jahren sind zumindest in Deutschland die Industriebeteiligungen der Banken stark abgebaut worden. Auf der anderen Seite hat während der Aufschwungsperiode bis in die 1970er Jahre die von Hilferding behauptete Tendenz tatsächlich stattgefunden. Die Banken erweiterten ihren industriellen Beteiligungsbesitz. Die damals größten deutschen Aktienbanken, die Deutsche und Dresdner Bank sowie die Commerzbank, verfügten bis in die 1990er Jahre über einen umfangreichen Beteiligungsschatz. Er wurde allerdings danach und vor allem in den Jahren nach der Jahrtausendwende weitgehend verkauft und für die Expansion vorwiegend im Finanzgeschäft des Auslands verwendet. Der Wille, das eigene Kapital durch Akkumulation zu vergrößern ist keine Besonderheit des Bankkapitalisten. Eine andere Frage ist, ob die Bank ihr Eigenkapital generell im Verhältnis zum aufgenommenen Gesamtkapital und also auf Kosten der geliehenen Geldsummen vergrößern will. Das ist ganz sicher nicht der Fall. Es verringert, wie im vorigen Kapitel erörtert, die Rentabilität, also die Profitrate auf das Eigenkapital, auf die es schließlich für jedes Kapital ankommt. Der Vorteil der Bank besteht ja gerade darin, dass sie jederzeit (außer in Finanzkrisen) Kredit erhält und es sich deshalb leisten kann, mit einem sehr niedrigen Eigenkapitalanteil ein großes Rad zu drehen. Der Anteil des Eigenkapitals der Banken wäre sicher noch niedriger, wenn nicht die Bankenaufsicht im Interesse der übrigen Kapitalisten Mindestkapitalquoten vorschreiben und gelegentlich auch durchsetzen würde. Auch der Einsatz des verfügbaren Kapitals in industrielle Beteiligungen dürfte andere Ursachen haben. Eine sind die relativ zur anfallenden Profitmasse beschränkten Anlagemöglichkeiten im Banksektor. Außerdem fallen den Banken in Krisenzeiten Beteiligungen zu, wenn sie den gewährten Kredit im Pleiteunternehmen stehen lassen, ihn in Aktienkapital umwandeln und damit zu Eigentümern werden.

Dass der Beteiligungsbesitz der Bank am engsten unter ihrer Kontrolle steht, ist selbstverständlich richtig. Im Allgemeinen sind die Konglomerate, die aus industriellen und Bankmonopolen bestehen, keine fest umrissenen Gebilde. Insbesondere in Westdeutschland wurde darüber wenig öffentlich diskutiert. Dass unter den Autofirmen Daimler ein fester Beteiligungsbesitz der Deutschen Bank war, war offensichtlich. Die enge Beziehung von BMW zur Dresdner Bank konnte man an der Nähe der BMW-Eigentümerfamilie Quandt zu dieser Bank ablesen und beispielsweise an der Tatsache, dass BMW gern der Dresdner Bank das Mandat zur Führung einer Aktien- oder Anleiheemission gab. Ein eigenes Kapitel ist die Rolle einer der größten Versicherungen der Welt, der Allianz. Der Anlagenotstand einer Versicherung ist größer als der einer Bank. Sie muss das von den Kunden eingezahlte Geld möglichst langfristig anlegen und muss das wegen des Währungsrisikos in eigener Währung tun, also bis 1999 in D-Mark. Obwohl der weitaus größte Teil des hereinkommenden Geldes dieser (und anderer Versicherungen) in Immobilien und Anleihen angelegt wurde, hatte die Allianz in sehr vielen deutschen Konzernen einen Beteiligungsbesitz aufgebaut, der den der Deutschen Bank erheblich übertraf. Zusätzlich hatte die Allianz eine gegenseitige Beteiligung von je einem Viertel des Aktienkapitals mit der größten Rückversicherungsgesellschaft, der Münchener Rück, und zugleich eine Beteiligung an der Deutschen Bank von 6 Prozent, die Deutsche Bank allerdings auch eine zehnprozentige Beteiligung an der Allianz. Dieses Netz der Beteiligungen mit Allianz und Deutscher Bank an der Spitze war das bestimmende Konglomerat in Westdeutschland und zugleich Ausdruck für die Macht des Finanzkapitals in diesem Land.

In anderen Ländern nimmt die Zusammenrottung des Finanzkapitals andere Formen an. In den USA beschreiben schon die Zeitgenossen vor dem Ersten Weltkrieg, wie der (ursprüngliche Banker) John Pierpont Morgan (1837-1913) ein Konglomerat aus Eisenbahnlinien, Schwerindustrie und Schiffbau zusammenraffte und wie er über einige Jahrzehnte hinweg wesentlicher Akteur und Entscheider in wirtschaftspolitischen Fragen bleibt. Zu dem von ihm dominierten Konglomerat gehörten General Electric, US Steel und International Harvester. Seine Bank »J. P. Morgan & Co« war durchweg eine der mächtigsten der USA. In den Finanzkrisen um die vorletzte Jahrhundertwende agierte Morgan angesichts des Fehlens einer staatlichen Notenbank in den USA wie eine solche als »Kreditgeber letzter Instanz« und bewahrte den Staat vor einer Pleite. Die Bank J. P. Morgan blieb unter der Regie des Sohns und nach dessen Tod 1943 durchweg eine der größten in den USA und wurde im Zuge der Finanzkrise 2007/08 die größte der Welt. Der andere große Tycoon der USA ist John D. Rockefeller (1839-1937). Er ist Industrieller von Anfang an und steigt binnen Kurzem zum Monopolisten der schnell wachsenden Ölindustrie auf – von der Ölquelle über die Tankwagen der Eisenbahn, die Raffinerie zur Tankstelle und zum Vertrieb für Öllämpchen in China. Wegen seiner rüden Geschäftsmethoden wurde Rockefeller als »Räuberbaron« bezeichnet. Seine Firma »Standard Oil« verfügte zeitweise über 90 Prozent der Raffineriekapazitäten in den USA. 1911 wurde Standard Oil zerschlagen. Rockefeller kaufte die Aktien der zersplitterten Ölgesellschaften billig auf, partizipierte an ihrem erneuten Aufstieg und erlangte auch die Kontrolle über die meisten wieder. Rockefeller galt danach als reichster Mann der Welt. Die heutigen Firmen ExxonMobil, Chevron und einige andere weltweit tätige Ölschwestern sind Abkömmlinge des Imperiums und zählen noch heute zum Familienbesitz der Rockefellers. Rockefellers Enkel David machte die Chase Manhattan Bank in den 1960er Jahren zur Bank des Firmenimperiums. Sie war eng vernetzt mit der nationalen und internationalen Politik, war zeitweise die größte Bank der Welt und fusionierte im Jahr 2000 mit der oben genannten J. P. Morgan.

Viel weniger auf einzelne Personen bezogen erweisen sich die Verhältnisse in Japan, als das Land Ende des vorletzten Jahrhunderts kapitalistisch wird und zugleich dem Finanzkapital die ökonomische und politische Macht überträgt. Kern dieser Machtzentren sind die Sogo Shosha, Handelshäuser, die wie die deutschen Fugger und Welser sich in feudalen Verhältnissen zurechtgefunden haben. Die Handelshäuser entwickeln sich neben dem Außen- und dem Binnenhandel in verschiedene Industrien, die in Gruppen zusammengefasst werden. Typisch für die Herrschaft des Handelshauses, waren kleine Beteiligungen an den Industrieunternehmen, wobei dieser Unternehmenskreis zusätzlich gegenseitige Beteiligungen unterhielt. Man beachte die Ähnlichkeit mit den Verhältnissen im Geflecht der deutschen Finanzkonzerne und ihren starken gegenseitigen Beteiligungen in den 1970er und 80er Jahren. Die Herrschaft der Sogo Shosha und ihrer Familien wurde durch diese Verflechtungen gefestigt. Die Konglomerate wurden später abfällig »Zaibatsu = Geldclique« genannt. Nach dem Zweiten Weltkrieg wurden die Konglomerate von der US-Verwaltung zerschlagen. Dennoch bestehen viele noch fort, oft unter dem Vorwand eines wöchentlichen oder monatlichen »Club«-Treffens der Unternehmensspitzen. Die bekanntesten heute noch bestehenden Sogo Shosha sind Sumitomo, Mitsui und Mitsubishi.

Begriffsklärung 3: Finanzkapital

Finanzkapital lautet der Titel des Buches. Es wird dabei als die Verbindung des in Kapitel 2 und 3 definierten Geldkapitals mit dem (Industrie)-Kapital bezeichnet, das durch die Ausbeutung der Arbeitskräfte Waren produziert, die Wert und Mehrwert repräsentieren. Der Wortbestandteil Industrie ist hier in Klammern gesetzt, weil auch nichtindustrielle Kapitale Wert und Mehrwert produzieren lassen, beispielsweise das Handelskapital oder Dienstleisterkapitale wie private Krankenhäuser oder private Verkehrsbetriebe, die damit mitgemeint sind. Die

Verbindung des alten Geldkapitals, kurz der Banken, mit dem erst im Kapitalismus massenhaft auftretenden Industriekapital übernimmt als monopolistisches Kapital die Macht in Gesellschaft und Staat. Das ist die hier vertretene Grundthese wie auch bei Rudolf Hilferding und Wladimir I. Lenin. Der **Finanzkapitalismus** ist so der treffende Ausdruck für den Zustand, den die fortgeschrittenen kapitalistischen Gesellschaften seit Ausgang des 19. Jahrhunderts erreicht und nicht mehr verlassen haben, den Kapitalismus in seinem monopolistischen Stadium. Spätestens seit der Finanz- und Weltwirtschaftskrise 2007 ff. hat sich der Begriff Finanzkapitalismus in politischen und ökonomischen Reden und Texten eingebürgert. Er wird dabei meist so verstanden, dass der Finanzsektor, also etwa das, was hier als Geldkapital bezeichnet wird, die Führung bei der Ausbeutung der übrigen Gesellschaft übernommen hat. Weil das angesichts der öffentlich dargestellten Zustände wahr und auch für den oberflächlichen Betrachter kaum zu übersehen ist, ist der Ausdruck dabei, sich einzubürgern. Dem widerspricht auch nicht, wenn man darauf hinweist, dass dieser Finanzkapitalismus nicht ganz neu ist und schon mehr als hundert Jahre besteht. Er ist, so kann man formulieren, in dieser Zeit, besonders aber in den letzten Jahrzehnten, sich selbst immer ähnlicher geworden.

Wandlungen des Finanzkapitals

Der kurze Satz oben, der Finanzkapitalismus werde sich selbst immer ähnlicher, bedeutet auch, dass das Finanzkapital »finanzieller« wird: Erstens wird im Geflecht von Industrie- und Geldkapital letzteres das stärker bestimmende Element. Zweitens nimmt der Umfang des Geldkapitals relativ zum real Mehrwert produzierenden Kapital zu. Man kann von einem aufgeblähten Finanzsektor sprechen.

Zunächst zur Struktur des Finanzkapitals. Am auffälligsten ist wohl, dass sich die enge Bindung des Industriekapitals an große Banken im nationalen Maßstab gelockert hat. Es ist viel davon die Rede, die Finanzmärkte seien die typische global organisierte Organisationsform im heutigen Kapitalismus, während Industriekapital sich erst zuletzt weltweit organisiere. Richtig aber ist: Der Finanzsektor ist ein Nachzügler der Internationalisierung. Zunächst hat sich das Industriekapital internationalisiert. Die ersten Unternehmen waren die Rohstoffkonzerne, die zu internationalen Akteuren wurden. Ihnen folgten die Produktionsmittelindustrie und erst zuletzt die Konsumgüterhersteller. Die multinationalen Konzerne sind nach Jahrzehnten intensiven Kapitalexports aus allen kapitalistischen Zentrumsregionen soweit, nicht nur die Produktion, sondern auch die Vermarktung beim Endkunden transnational zu betreiben. Der Finanzsektor ist dagegen ein Nachzügler bei der Globalisierung. Die Kredit- und Kapitalmärkte sind erst im Laufe der 1980er Jahre durch Deregulierung und Freigabe der Kapitalverkehrskontrollen der nationalen Aufsicht entzogen worden.

Die These vom späten Globalisierungsstart des Finanzsektors ist von Bedeutung, weil sie unterstreicht, dass er die Folge der bereits vorangegangenen Internationalisierung der Industriekonzerne ist.

Das national herrschende Finanzkapital war früher enger abgeschottet gegen ausländische Übergriffe als heute. Ein Beispiel aus längst vergangener Zeit: 1975 konstruierte die Deutsche Bank nur zur Abwehr des Zugriffs des damals noch herrschenden Schahs von Iran auf das vom Alt- und Großkapitalisten Flick zum Verkauf gestellte Mehrheitsaktienpaket bei der Perle Daimler AG eigens die »Mercedes-Holding« und animierte die Crème de la Crème des deutschen Industriekapitals zur Bildung von lieblich benannten Unterschachteln mit Namen »Stern« und »Stella«. Das war nationales Finanzkapital in Aktion. Ausländische Kapitalisten nannten das die »Deutschland AG« oder den »Rheinischen Kapitalismus«. Hermannus Pfeiffer hat in seinem 1993 erschienenen »Die Macht der Banken« die Gruppenbildung des Industriekapitals um die in den 1980er Jahren existierenden Großbanken (Deutsche und Dresdner Bank, sowie Commerzbank) geschildert.

Die Deutsche Bank führte (zusammen mit der Allianz) die Deutschland AG an. Um sie herum gruppierten sich große Industriemonopole: die drei Chemiegiganten Bayer, BASF und Hoechst, die drei Autokonzerne einschließlich des mehrheitlich staatlichen Volkswagen-Konzerns, die großen überwiegend staatlichen Versorger Veba und RWE, die Stahlkonzerne Thyssen, Krupp und Mannesmann, schließlich der Elektrokonzern Siemens plus der nicht börsennotierten Elektrofirma Bosch.

Die in der Wertschöpfung ebenfalls sehr großen Staatsunternehmen oder besser -institutionen Bahn und Post spielten in der ersten Reihe des deutschen Finanzkapitals keine eigenständige Rolle, ebenso wenig wie die staatlich gestützte Ruhrkohle AG. Sehr wohl dagegen die staatseigene Deutsche Bundesbank. Sie ist nicht nur von Gesetzes wegen von Regierung und Parlament unabhängig. Sie verfolgte und verfolgt noch heute eine eigene Agenda, die einerseits eng mit dem deutschen Finanzkapital, aber auch mit dem international führenden Finanzkapital der USA abgestimmt ist. Im Finanzsektor waren die vier anderen relativ großen privaten Banken (Dresdner Bank, Commerzbank, Bay. Hypo-Bank und Bay. Vereinsbank) zwar bedeutend, spielten aber im Vergleich zur Deutschen Bank fast durchweg nur eine Nebenrolle. Im weiteren Kreis der führenden deutschen Finanzoligarchie befanden sich auch die Vertreter der Niederlassungen dreier US-Konzerne: Ford, General Motors mit Opel sowie IBM. Der langjährige Geschäftsführer von IBM-Deutschland Hans-Olaf Henkel wurde sogar Präsident des BDI (Bundesverband der Deutschen Industrie – der gewichtigste Verband der deutschen Monopole). Henkel war später Mitbegründer der ersten Generation der Alternative für Deutschland (AfD), der CDU/CSU und FDP in der EU-Politik nicht neoliberal genug waren. Das Institut für Internationale Politik und Wirtschaft der DDR (IPW) wies 1988 in

Basiswissen

Politik / Geschichte / Ökonomie

Stand dieses Katalogs: Sommer 2020

PapyRossa Verlags GmbH & Co. KG
Luxemburger Str. 202, 50937 Köln
Tel. (02 21) 44 85 45
Fax (02 21) 44 43 05
mail@papyrossa.de
www.papyrossa.de

Christoph Butterwegge
Armut | 4., aktual. Aufl.
138 Seiten, € 9,90 [D]
ISBN 978-3-89438-625-2

Jürgen Leibiger
Wirtschaftswachstum
138 Seiten, € 9,90 [D]
ISBN 978-3-89438-607-8

Klaus Müller
Profit
134 Seiten, € 9,90 [D]
ISBN 978-3-89438-606-1

Klaus Müller
Lohnarbeit und Arbeitslohn
131 Seiten, € 9,90 [D]
ISBN 978-3-89438-667-2

Klaus Müller
Boom und Krise
126 Seiten, € 9,90 [D]
ISBN 978-3-89438-640-5

Klaus Müller
Monopole
124 Seiten, € 9,90 [D]
ISBN 978-3-89438-731-0

einer Studie zur damals noch aktuellen Struktur des deutschen Finanzkapitals darauf hin, dass die großen Kapitaleigentümer in der herrschenden Oligarchie eine sehr kleine Minderheit bildeten (IPW-Forschungsheft 4/88, S. 115). Neben den Spitzenmanagern der größten Monopolunternehmen träten auch Nichteigentümer von Kapitalanteilen hinzu, die »aufgrund ihrer Position mit dem Kapital ›ihres‹ Konzerns wie ein Eigentümer schalten und walten können« (ebd., S. 117). Als Beispiele hierfür werden Berthold Beitz genannt, der als Vorsitzender der Krupp-Stiftung auf Lebenszeit den gleichnamigen Konzern kontrollierte, und Hans L. Merkle, der in ähnlicher Position über die Bosch-Stiftung die Bosch GmbH kontrollierte und in Finanzkreisen gern als »Gottvater« tituliert wurde.

Vergleicht man die Struktur des Finanzkapitals im Deutschland der 1980er Jahre, die noch von der Nachkriegszeit geprägt war, mit dem heutigen Zustand, fällt vor allem auf, dass der offizielle, private Bankensektor geschrumpft ist. An seine Stelle sind Investmentbanken aus den USA und in geringem Maße auch Banken aus anderen Ländern (Schweiz, Schweden, Spanien, Italien, Frankreich) getreten. Die führenden Investmentbanken der USA (Goldman Sachs, Morgan Stanley und Merrill Lynch) wurden im Zuge der Verteilung des DDR-Produktivvermögens durch die Treuhand in den 1990er Jahren von der Regierung Kohl ins Land geladen. Sie waren zugleich auch bei der Privatisierung des Staatsvermögens (West) insbesondere der Post und der Telekom mitführend. Sie beteiligen sich seit damals beim Verkauf der Staatsschuld des Bundes und der Länder und betätigen sich als Vermarkter bei der Emission von Aktien und Anleihen kleiner und großer Kapitalgruppen.

Auch die Schrumpfung der deutschen Privatbanken setzt ungefähr mit der DDR-Übernahme ein. Die erste Spekulationswelle, bezogen auf den erhofften Wertzuwachs der Ostimmobilien und ihr Zusammenbruch brachte den Hypothekenbanken und den großen Universalbanken große Probleme. In der Finanzkrise seit 2007 stellte sich heraus, dass die Dresdner Bank unter den deutschen Banken die größten Verluste durch den Kauf strukturierter Schuldpapiere aus US-Hypotheken erlitten hatte. Die Allianz konnte den Verlustbringer im August 2008, kurz vor der Pleite der US-Bank Lehman Brothers, bei der kleineren Commerzbank unterbringen. Die Verluste waren allerdings so groß, dass auch die Commerzbank gestützt werden musste. Die Bundesrepublik Deutschland ist deshalb noch heute größte Aktionärin dieser Bank.

Die bei weitem größte Bank des Landes, die Deutsche Bank hat ihre Internationalisierungsstrategie in zwei Schritten vorgenommen. 1989 übernahm sie die Londoner Investmentbank Morgan Grenfell und 1998 die New Yorker Investmentbank Bankers Trust. Beide Schritte zusammen bedeuteten nicht nur eine Internationalisierung, sondern auch eine Schwerpunktverlagerung vom Kreditgeschäft mit den heimischen Kapitalisten zum Finanzmarktgeschäft. Konsequent wurden die zahlreichen deutschen Beteiligungen verkauft und die Erlöse in die Expansion des Spekulationsgeschäftes gesteckt. Die Bank war zunächst erfolgreich bei dieser Strategie. Im Devisenhandel und bei Handel und der Neukonstruktion (im Bankerjargon »Origination«) von Anleihen und anderen Zinsprodukten zählte sie zum exklusiven Kreis weniger führender Banken. Die Gewinne im Investmentbanking waren enorm hoch – auch nach Abzug der ebenfalls enorm hohen Sonderzahlungen der angestellten Banker. Den Aktienmarkt-Crash 2000 bis 2003 überstand die Deutsche Bank recht gut. Danach boomte das Geschäft in ihrem eigentlichen Hauptfeld, der »Origination« von Bonds. Sie war bei der »Produktion« der strukturierten Wertpapiere aus guten und miserabel schlechten US-Hypotheken, deren Absturz dann der unmittelbare Anlass für den Ausbruch der Finanzkrise 2007 wurde, wesentlich mitbeteiligt und verkaufte die Produkte, wie andere Banken auch, an ihre Kunden. Die Krise selbst ließ die Bank unbeschadet. Sie war allerdings von der Riesenpleite der damals größten Versicherung der Welt, AIG (American International Group), als Gläubiger betroffen und wurde danach vom US-Staat entschädigt, der für die AIG-Pleite insgesamt ca. 150 Milliarden Dollar spendierte.

Erst danach begann der Ärger für die Deutsche Bank. Wie andere Banken auch wurde sie von den US-Behörden mit erheblichen Strafen für Schädigung der Kundschaft überzogen. Sie summierten sich auf mehr als 9 Milliarden Dollar. Wegen derselben Delikte haben die US-Behörden auch US-amerikanische Großbanken mit noch höheren Strafen in zweistelliger Milliardenhöhe überzogen. Schlimmer noch als die Strafen selber waren die Auflagen, um ihr Investmentbankgeschäft weiterzuführen. Kurz, die Aufsichtsbehörden der USA haben diesen zuvor ansehnlichen Konkurrenten aus ihrem Heimatmarkt geschickt oder zumindest klein gehalten. Die Bank ist nun, wie andere auch, vor allem auf das Geschäft im Stammland angewiesen und auch hier mit stärkerer ausländischer Konkurrenz sowie einem unbeschadet durch die Finanzkrise gekommenen Genossenschaftssektor (an der Spitze die DZ-Bank) und den erstarkten Sparkassen konfrontiert.

Die Vermögensverwaltung und die Fonds der Reichen

Die Banken sind während der letzten zwanzig Jahre in Deutschland relativ schwächer geworden. Das widerspricht zunächst der Behauptung im Text weiter oben, dass das Finanzkapital im Zuge der neoliberalen Umgestaltung des Kapitalismus »finanzieller« geworden sei, oder das wir, wie andere Autoren meinen, vom gemeinen zum »finanzmarktdominierten Kapitalismus« fortgeschritten seien. Man muss dabei aber berücksichtigen, dass Deutschland im Kreis der fortgeschrittenen kapitalistischen Länder eine Ausnahme insofern darstellt, als der Industriesektor dieses Landes relativ zur gesamten Wertschöpfung kaum geschrumpft ist. In den USA, in Britannien, Frankreich, in den Benelux-Ländern, Spanien und Portugal hat der »Dienstleistungssektor« viel stärker zugenommen als in Deutschland. »Dienstleistungssektor« ist ein Sammelbegriff für alles Mögliche, das jenseits der Industrie stattfindet. Restaurants und Friseursalons, Theater und Steuerberater zählen zu den Dienstleistern. Innerhalb der großen Gruppe der Dienstleister haben zwei einen großen Boom hinter sich und – so ist zu befürchten – auch noch vor sich. Die erste ist die Branche des Marketings und der Werbung. Unter den größten börsennotierten Unternehmen sind mindestens zwei (Google/Alphabet und Facebook), die dieser Branche angehören. Die andere ist die Finanzbranche. Sie war schon früher gewaltig und ist mit dem neoliberalen Regime weltweit regelrecht explodiert. Auch in Deutschland ist der Finanzsektor stark gewachsen, allerdings nicht in dem Maße wie anderswo, weil die traditionellen Banken, vor allem seit der Finanzkrise 2007/08, an Boden verloren haben.

Zugleich agieren neue »Finanzinvestoren«, ebenfalls überwiegend aus den USA, aber auch aus anderen Ländern. Sie sind die Verwalter von Finanzvermögen, genauer gesagt, sie sind die, welche mit der Vermehrung des Vermögens der Reichen beauftragt sind. Sie sind damit diejenigen Subjekte oder Institutionen, die am reinsten zum Ausdruck bringen, was Finanzkapital eigentlich ist. Die Vermögensverwalter sind eine bereits vorkapitalistische Erscheinung. Der Maier bei Hofe war ein solcher Vermögensverwalter. Die Privatbankiers übernahmen die Verwaltung der Ländereien in späteren Phasen des Feudalismus. Das blieb ihre Tätigkeit auch im Kapitalismus. Die Banken betätigten sich neben der Kreditvergabe und den Zahlungssystemen auch mit der Vermögensverwaltung, insbesondere der Finanzvermögen. Sie stehen in dieser Rolle im Kapitalismus den Altreichen (Aristokraten, Junkern) genauso wie den Neureichen (Kapitalisten und Anhang) zur Verfügung.

In der geschichtlichen Periode des Klassenkompromisses 1945 bis 1975 begannen die Banken und Versicherungen als sogenannte Kapitalsammelstellen auch die Verwaltung der

Kleinvermögen zu organisieren. In den USA entstanden staatlich und gewerkschaftlich geförderte Pensionsfonds. Die Banken kreierten Publikumsfonds, die Versicherungen bauten das Geschäft mit Lebensversicherungen aus, die staatlich gefördert und reguliert wurden, damit die Abzocke einiger Akteure dem Geschäft mit dem gesparten Geld der Massen kein schnelles Ende bereitet. In Deutschland hatte jede Großbank ihre Fondsgesellschaft, die für das Publikum »offene Fonds« als Alternative für das Sparkonto anboten. Offen heißt, der Kunde kann jederzeit einsteigen und (fast) jederzeit aussteigen – mit einem gehörigen Abschlag selbstverständlich. Die Gebühren sind relativ hoch, aber liegen noch unter dem was der Kleinkunde bezahlen muss, wenn er selber einzelne Aktien, Anleihen oder gar Rohstoffe erwirbt.

Die im Zuge der neoliberalen Politik und der damit verschärften Ausbeutung immer ungleicher werdende Einkommensverteilung hatte zur Folge, dass die Personen an der Spitze der Einkommenspyramide, in erster Linie die Groß- und Mittelkapitalisten selber, vermehrt Bedarf an einer professionellen Vermögensverwaltung zur Geltung brachten. Die Vermögensverwaltung der Vermögenden wurde so von einer Spezialität einzelner Privatbankiers zu einem blühenden Gewerbe. Die Vermögensverwaltung wurde ein immer wichtiger werdender Teil des Bankgeschäfts. Die Banken verdienen dabei nicht an der Zinsdifferenz und müssen sich nicht vor der Zahlungsunfähigkeit ihrer Kunden fürchten. In der Vermögensverwaltung lebt die Bank von Gebühren, einem Prozentsatz am verwalteten Vermögen des Kunden. Sie verdient außerdem daran, dass ihre Handelsabteilung die Aufträge zum Kauf/Verkauf von Wertpapieren ausführt. Drittens gibt es das Insiderwissen. Die Bank, die große Fremdaufträge abwickelt, weiß vorher, welche Papiere in großer Menge gekauft oder verkauft werden und danach für den eigenen Vermögensbestand selber agieren, »Front-Running« genannt.

Die höheren Bankangestellten, gut bezahlt zwar, aber noch nicht gut genug, begannen in den 1990er Jahren vermehrt, ihre eigenen kleinen Vermögensverwaltungen aufzumachen. Sie warben für ihre Fonds, die keinem Bankvorstand unterstanden, das Geld der wirklich Vermögenden ein. Fonds sprossen überall im Umland New Yorks und später auch Londons auf. Die heute bekanntesten Formen sind Private-Equity-Fonds und Hedgefonds.

Um das Finanzkapital zu verstehen, lohnt sich ein genauerer Blick auf das, was Private-Equity-Fonds tun, also auf das, was man als ihr Geschäftsmodell bezeichnet. Der damalige Vorsitzende der SPD, Franz Müntefering, hat 2004 diese Sorte Finanzinvestoren mit »Heuschreckenschwärmen« verglichen, die über Unternehmen herfallen, sie abgrasen und weiterziehen. Es war vermutlich eine der wenigen klugen und gleichzeitig kritischen Feststellungen, wofür man diesen ansonsten dem Finanzkapital stets verbundenen Sozialdemokraten in Erinnerung behalten wird. Tatsächlich ist das Engagement der Heuschrecken bei den Unternehmen kurzfristig. Als Standard gilt in der Branche eine Periode von drei Jahren. Wenn die Gelegenheit günstig ist, kann natürlich auch schon vorher verkauft werden. In dieser Hinsicht verhalten sich diese Fonds wie klassische Aktienspekulanten. In zweierlei Hinsicht unterscheiden sie sich aber von diesen: Erstens, sie greifen, anders als gewöhnliche Aktionäre nach der Macht im Unternehmen. Sie arbeiten, zweitens, mit hoher Verschuldung, um die Rendite auf ihr Engagement zu erhöhen.

Da ihr Investitionshorizont bei den erworbenen oder mit Mehrheit erworbenen Unternehmen sich auf einige Jahre beschränkt, wird das von ihnen installierte Management angewiesen, keine mittel- oder langfristigen Investitionen zu tätigen. Das Unternehmen wird vielmehr auf schnelle Rendite getrimmt. Das heißt vor allem Senkung der Kosten, Lohndruck, Reduzierung des Personals. Häufig ist auch die Methode, das Unternehmen in Einzelteile zu zerlegen, um die Summe dieser Teile für einen höheren Gesamtpreis zu verkaufen als das Unternehmen als Ganzes. Der entscheidende Trick besteht darin, mit hoher Verschuldung zu arbeiten. Mit Hilfe des Einsatzes von Fremdkapital kann aus einigen wenigen, von Investoren eingesammelten Milliarden Euro oder Dollar ein Vielfaches an Unternehmenskäufen realisiert werden. Dieses Geschäftsmodell funktioniert allerdings nur unter zwei Voraussetzungen. Zum einen müssen genügend Unternehmen zum Kauf auf dem Markt vorhanden sein. Zum anderen müssen Kredite reichlich und zu relativ mäßigen Zinsen angeboten werden.

Tatsächlich sammeln die Heuschrecken-Fonds das Geld von betuchten Investoren mit dem Versprechen ein, jährliche Renditen von 25 bis 40 Prozent zu erzielen. In der Realität werden oder wurden auch noch höhere Renditen erreicht. Nur gehen Private-Equity-Fonds in der Realität phantasievoller auch bei der Finanzierung ihrer Operationen vor. Die wichtigste Variante der Schuldenfinanzierung ist es, dem erworbenen Unternehmen die Schulden aufzubürden, die beim Kauf gemacht wurden. Wenn man die Mehrheit des Aktienkapitals, also die Macht im Unternehmen übernommen hat, sind solche Veränderungen in der Unternehmensfinanzierung einfach. Auch entfallen ja weitgehend die Gründe, weshalb sich Unternehmen üblicherweise verschulden, nämlich die Investitionen.

Die Methoden der Fonds sind keineswegs neu. Die Großspekulanten und Großvermögensbesitzer haben sie seit jeher angewendet, um die Kontrolle über andere Großvermögen zu erhalten. Ein mittlerweile klassisches Beispiel ist die Übernahme der Mehrheit an der (zeitweise) größten Autofirma des Globus, durch die Familien Porsche und Piëch. Das Vehikel, mit dem sie vorgingen, war kein Fonds, sondern die kleine Sportwagenfirma Porsche, in der die Porsches und Piëchs das Familienvermögen gebündelt hatten. Vorstandsvorsitzender von Porsche war ein gewisser Wendelin Wiedeking. Er schickte sich mit Billigung der beiden Familien 2005 an, den 15-mal so großen Konzern Volkswagen zu übernehmen. Die Finanztechnik war einfach und bestand darin: Erst VW-Aktien oder vor allem Optionsscheine auf VW-Aktien kaufen. Wenn dann die Kurse steigen, die Dinger teuer verkaufen und bei der nächsten Delle wieder zurückkaufen. Das dazu benötigte Geld stellten die Banken mit der Sicherheit der Produktionsfirma Porsche, deren Stammaktien sämtlich dem Familienclan gehörten, gern zur Verfügung. Auf dem Höhepunkt der von Wiedeking angetriebenen Spekulationswelle im Oktober 2008 war Volkswagen an der Börse 294 Milliarden Euro wert. Porsche allerdings hatte schnell fällige Schulden von 9 Milliarden Euro. Die Banken wollten auf dem Höhepunkt der Finanzkrise ihr Geld zurück, jedenfalls kein neues nachschießen, das Wiedeking/Porsche in die Lage versetzt hätte, 75 Prozent an Volkswagen und damit Zugriff auf die gefüllte Kasse des Konzerns zu erreichen. So kam es zum Kompromiss. Aus der gefüllten Kasse kaufte Volkswagen Porsche, das damit vor der Pleite gerettet wurde. Der Spekulantenclan Porsche/Piëch zahlte mit diesem Geld die Schulden an die Banken zurück und konnte sich so zwar nicht 75 Prozent, wohl aber die Aktienmehrheit an Volkswagen sichern.

Neben den Private-Equity-Fonds ist es die noch relativ junge Branche der Hedgefonds, die für das heutige Finanzkapital charakteristisch ist. Hedgefonds gibt es in den USA schon seit dem Zweiten Weltkrieg. Allerdings waren sie viele Jahrzehnte lang Randerscheinungen der Finanzszene und eigentlich gehört das Nischendasein zur ihrem wichtigsten Charakterzug. Das »Hedge« in ihrem Namen sollte ursprünglich nämlich darauf hinweisen, dass sich der Anleger mit einer Investition in einen solchen Fonds gegen Schwächeanfälle des gewöhnlichen Kapitalmarktes absichern kann. »To hedge« heißt im Englischen absichern und hat ursprünglich mit der Hecke (englisch: hedge) zu tun, die eine Wiese oder einen Acker sichert und begrenzt. Ein Hedgefonds war demzufolge ein Fonds, der nicht in die üblichen Anlageklassen wie Aktien, Anleihen oder Immobilien investiert. Bei in der Regel gleichzeitig schlecht laufenden Aktien-,

Anleihe- und Immobilienmärkten hätte man sein Geld in einem Hedgefonds wie das Schäfchen im Trockenen untergebracht.

Nun ist es gar nicht so einfach, viel Geld außerhalb der drei wichtigsten Vermögensklassen anzulegen. Eine Alternative sind Gold oder überhaupt Rohstoffe. Eine andere sind exotische Währungen und überhaupt Länder, die vom Finanzkapitalismus noch weniger stark erschlossen sind. In diese Randgebiete des Kapitals investierten Hedgefonds zunächst. In der Regel sind sowohl die Risiken in diesen Anlagen hoch als auch die durchschnittlichen Renditen. Einen Entwicklungsschub erlebten die Hedgefonds, als Finanzmarktderivate und der Handel damit auch dank der Verbreitung elektronischer Handelsmethoden und dank computergestützter Börsen zu einer Massenerscheinung wurden. Investoren konnten nun viel leichter als zuvor auf fallende Kurse setzen oder überhaupt kompliziertere Wetten eingehen. Hedgefonds hatten nun viel breitere Möglichkeiten, ihre Anlagen so zu tätigen, dass sie bei schlecht laufenden Hauptmärkten davon gar nicht berührt wurden oder sogar profitierten.

Weil Hedgefonds auf risikoreiche, exotische und gegen den Haupttrend gerichtete Anlagen setzen, sind sie als Anlagen für Witwen und Waisen nicht zugelassen. Versicherungen dürfen in Hedgefonds auch heute nur mit kleinen Quoten investieren. Diese Art Anlage ist also nicht für das breite Publikum gedacht, sondern richtet sich an Personen und Institutionen, die große Beträge übrig haben. Sie sind fast immer als geschlossene Fonds konzipiert. Es werden, anders als bei offenen Publikumsfonds, nach dem Einsammeln des Geldes keine weiteren Investments in den Fonds zugelassen. Wichtiger ist noch, dass das in die Fonds gesteckte Geld in der Regel auch für einen längeren Zeitraum festgelegt ist und nicht vorfristig wieder zurückgegeben werden kann. Die Regeln ermöglichen es den Hedgefonds-Managern, viel flexibler mit den ihnen anvertrauten Mitteln umzugehen. Sie treten am Kapitalmarkt wie Raubritter überraschend auf und verschwinden auch ebenso plötzlich.

Zwei Dinge haben Hedgefonds mit Private-Equity-Fonds gemein. Erstens verlangen sie von den Investoren extrem hohe Gebühren plus Erfolgsprämien. Zweitens verdanken auch sie die überdurchschnittlichen Renditen, die sie erzielen, in erster Linie der hohen »leverage« alias Verschuldung, mit der sie ihre Investitionen tätigen. Das mittlerweile klassische Beispiel ist der gut dokumentierte Fall des Hedgefonds LTCM (Long-Term Capital Management), der 1998 zahlungsunfähig wurde, worauf die US-Notenbank die Banken, die LTCM zeitweise bis zu 125 Milliarden Dollar Gegenwert geliehen hatten, dazu zwang, den Fonds zu übernehmen und seine Handelspositionen zu garantieren. LTCM hatte auf eine relative Preisverbesserung russischer und anderer Staatsanleihen aus Schwellenländern im Vergleich zu denen westlicher Staatsanleihen spekuliert. Dabei war das eingesetzte Eigenkapital von 5 Mrd. Dollar mit 125 Mrd. Dollar aufgenommener Schulden ergänzt worden. Die Schulden wurden vorwiegend in japanischen Yen aufgenommen – eine übliche Praxis, weil das Zinsniveau in Japan extrem niedrig war (und heute noch ist). Im August 1998 erklärte sich die russische Regierung unter dem damaligen Präsidenten Boris Jelzin für zahlungsunfähig. Der Markt für russische Staatsanleihen brach zusammen. Zusätzlich stieg der Yen im Vergleich zum Dollar, was die billigen Kredite plötzlich sehr teuer machte. Die Verluste bei LTCM übertrafen bei weitem das Eigenkapital. Der Fonds konnte seinen Verpflichtungen aus Finanzgeschäften in einer Gesamthöhe von 1,3 Billionen Dollar nicht nachkommen. Die Notenbank befürchtete den Zusammenbruch weiterer Finanzinstitute und eine dann folgende Kettenreaktion. Sie sorgte nicht nur dafür, dass LTCM aufgefangen wurde, sondern senkte zudem in rascher Folge ihre Leitzinsen.

Hedgefonds und Private-Equity-Fonds sind eindeutig Fonds für die Reichsten und Superreichen. Den Totalverlust des eingezahlten Geldes muss der Teilnehmer verschmerzen können. Die Finanzaufsicht in den USA und der EU lässt den

Fonds fast durchgehend freie Hand und kümmert sich wenig darum, wenn die Kunden ausgenommen werden. Sie verbietet allerdings die Werbung beim breiten Publikum. Typisch für diese Fonds ist auch, dass sie ihren steuerlichen Sitz in Steueroasen wie den meist britischen Karibikinseln und den ebenfalls britischen Kanalinseln Jersey und Guernsey haben. Dem Volumen nach sind die Fonds für die ganz Reichen sehr viel kleiner als die offenen Fonds. Das von Private-Equity-Fonds verwaltete Geld wird für 2017 auf nahezu 5 Billionen Dollar, das von Hedgefonds verwaltete Vermögen auf etwa 3,5 Billionen Dollar geschätzt. Der größte Hedgefonds Bridgewater in New York hat einen Umfang von 160 Milliarden Dollar.

Das ist eine lächerlich kleine Summe, wenn man sie mit dem größten Vermögensverwalter der Welt, Blackrock, ebenfalls New York, vergleicht. Diese Fondsgesellschaft gab das von ihr verwaltete Vermögen für Ende 2017 mit insgesamt 6,2 Billionen Dollar an. Blackrock betreibt auch Hedgefonds, den größten Teil seiner Tätigkeit nimmt aber die Emission von börsengehandelten Indexfonds (ETF für Exchange Traded Funds) ein. Sie sind eine relativ junge Erfindung der Finanzbranche. Blackrock hat diesen Geschäftszweig 2009 von der britischen Bank Barclays (für 13,5 Mrd. Dollar) billig erworben. Das Geschäft boomt seitdem. Erstens, weil der Aktienmarkt gut lief und zweitens, weil für die Anleger bei den börsengehandelten Fondsanteilen weniger Gebühren anfallen als bei den bis dato üblichen offenen Publikumsfonds. Die ETF werden nämlich nicht von gut bezahlten Fondsmanagern gesteuert, sondern folgen in der Regel ganz einfach und möglichst eng einem Aktienindex, z. B. dem Dax. Wenn der Dax steigt, steigt parallel auch der Wert des Fonds. Wenn er fällt, sinkt dieser Wert. Blackrock ist entsprechend an allen 30 Werten des Deutschen Aktienindex Dax mit Prozentsätzen um die fünf Prozent beteiligt. Anders als ein Vertreter geschlossener Fonds kann der Vertreter von Blackrock mit diesen 5 oder auch 8 Prozent keinen vom allgemeinen neoliberalen Konsens abweichenden Kurs in den Konzernen durchsetzen, so wie das der Hedgefonds Elliott zuletzt bei ThyssenKrupp praktiziert hat. Wegen der schieren Masse seiner Präsenz in deutschen AGs kann der Vermögensverwalter als treffender Ausdruck für die gewachsene Macht des US-Finanzkapitals im deutschen Kapitalmarkt gelten. Er spielt heute eine ähnliche Rolle, wie sie früher die Deutsche Bank (über ihre direkten Beteiligungen und ihre Fondstochter DWS) und die Allianz gespielt haben. Insgesamt wird das von den 500 größten Fondsgesellschaften der Welt verwaltete Vermögen 2017 auf 82 Billionen Dollar geschätzt (Quelle: Reuters nach Towers Watson).

Die Ausweitung des Finanzsektors

Es lohnt sich, diese Zahl ganz kurz mit dem weltweit erzielten Bruttosozialprodukt in Beziehung zu setzen, das von der Weltbank für 2017 fast gleich hoch, nämlich mit 80 Billionen Dollar angegeben wird. Der binnen eines Jahres von allen Menschen auf dem Globus geschaffene Reichtum soll, bewertet in Dollar, den gleichen Umfang haben, wie das ebenfalls in Dollar bewertete Vermögen, das von 500 Fondsgesellschaften verwaltet wird? Es ist kaum zu begreifen. Tatsächlich sind die bei Fonds verwalteten Vermögenswerte nur ein – und vermutlich nicht der größte – Teil des Reichtums der Reichen. In einer Werbebroschüre gibt die Beratungsfirma PricewaterhouseCoopers (PwC Asset & Wealth Management Report 2017) eine Schätzung ab über die weltweiten Vermögen. Ihre Höhe wird für 2016 mit 214,4 Billionen Dollar angegeben. 2020 sollen es, so schätzt PwC in bewährtem und vermutlich durchaus gerechtfertigtem Optimismus, 279,3 Billionen Dollar sein. Interessanter noch ist ein Blick zurück. 2004 betrug die Gesamtsumme der Vermögen nach dieser Zusammenstellung »nur« 120,9 Billionen Dollar und 2007, dem Jahr, als die Finanzkrise ausbrach, aber statistisch noch keine Spuren hinterlassen hatte, 159,7 Billionen Dollar. In neun Jahren seit der Finanzkrise hat danach das weltweite Vermögen der Reichen dieser Welt »nur« um etwa ein Drittel und damit etwa genauso viel zugenommen wie in nur drei Jahren vor der Finanzkrise. Die Finanzkrise hat, so kann man schlussfolgern, nicht nur den Zuwachs der Produktion, sondern ein wenig auch den Zuwachs des Vermögens gedämpft.

Auf längere Sicht – und das vor allem soll hier gezeigt und wiederholt werden – sind die Vermögen seit 1980 mit dem Mehrfachen der Geschwindigkeit gewachsen wie die reale Wirtschaft, aus der sie gespeist werden. Eine andere Beratungsfirma, die ob ihrer klugen Ratschläge beim rationalisierungswilligen Spitzenmanagement beliebte McKinsey, versorgt uns mit folgender Übersicht über die Entwicklung der Vermögen weltweit im Vergleich zu der des weltweiten Bruttosozialprodukts.

Vermögen und Bruttosozialprodukt weltweit *(in Bill. US-$)*

Jahr	Weltbruttosozialprodukt	Anlagevermögen
1980	10	12
1990	22	43
2000	32	94
2004	42	134
2007	55	196

Quelle: www.mckinsey.com/mgi/publications/fifth_annual_report_executive_summary.asp

Zu berücksichtigen ist dabei, dass das Wachstum des BSP in 27 Jahren von 450 Prozent nur deshalb so hoch ist, weil diese Zahlen nicht, wie sonst meist üblich, inflationsbereinigt sind. Dasselbe gilt auch für den Vermögenszuwachs. Dessen Versechzehnfachung in derselben Periode, verglichen mit der Verfünffachung für das BSP ist beachtlich. Bemerkenswert ist auch, dass das unterschiedliche Wachstumstempo der beiden Größen so lange durchgehalten wurde. Festzustellen ist zudem, dass das auch noch nach der Finanzkrise gilt – nur bei gemäßigtem Niveau.

5.
Die Nutzung des Staates

Der Kapitalismus ist von Anfang an mit dem Staat verbunden. Das ist insofern keine ganz triviale Aussage, weil in der heute allgemein verbreiteten Vorstellung von unserer Gesellschaft der Staat und die Unternehmer zwei getrennte Machtzentren sind. Mehr noch, die aus dem Liberalismus stammende Forderung vom gut funktionierenden Kapitalismus lautet: »Weniger Staat« oder »möglichst schlanker Staat«. Der heute im Kopf der Politiker, Volkswirte und Journalisten immer noch vorherrschende Neoliberalismus macht diese Forderungen populär. Aber selbst flüchtige Beobachter der Politszene erkennen, dass es hier nur darum geht, durch Unternehmenssteuersenkung und laxe Vorschriften die Kosten für die Kapitalisten zu senken, dass aber vom Staat natürlich erwartet wird, dass er dafür sorgt, dass Autobahnen gebaut, rasante Telekomnetze errichtet, billige Elektrizität verfügbar gemacht, gutes Geld bereitgestellt sowie gesunde, halbwegs fähige und willige Arbeitskräfte auf dem Arbeitsmarkt angeboten werden. Vom Wunsch nach direkten Subventionen ganz zu schweigen.

Auch die Könige und Feudalherren vorkapitalistischer Jahrhunderte haben den Kapitalismus gefördert, der zunächst vor allem Handelskapitalismus war. Dennoch hat die neue Klasse der Kapitalisten den Staat nach ihren Bedürfnissen umgestaltet – durch Entmachtung der spanischen Herrschaft in den Niederlanden, durch zwei Revolutionen im 17. Jahrhundert in England, die erkämpfte Unabhängigkeit der nordamerikanischen Kolonien und die Französische Revolution.

Selbst im von Fürsten beherrschten Deutschland wurde der Zollverein als bescheidener Ansatz eines bürgerlichen Staates gefunden. Staatlich geförderter Kapitalismus ist deshalb nichts Besonderes.

Mit dem Überhandnehmen des Groß- und Monopolkapitals im vorletzten Jahrhundert erreicht diese staatliche Förderung eine neue Stufe. Der Zungenbrecher »Staatsmonopolistischer Kapitalismus« hat sich im Umfeld kommunistischer Parteien als Begriff für diesen Dauerzustand eingebürgert. Die Theorie, abgekürzt SMK oder auch Stamokap, wurde in den 1950er und 60er Jahren sowohl in der DDR und der Sowjetunion als auch in Frankreich und der BRD entwickelt. Das kurze Buch von Gretchen Binus, Beate Landefeld und Andreas Wehr »Staatsmonopolistischer Kapitalismus« (2014) gibt über den Inhalt der Theorie, ihre Entstehung und ihre politische Bedeutung im Westeuropa der Nachkriegszeit Auskunft. Man sollte hinzufügen, dass die Theorie vom massiven und konstanten Staatseingriff auch den Zweck hatte, die Frage zu beantworten, warum der Kapitalismus in seinen Metropolen ganz wider die Prognosen der Marxisten und kommunistischen Parteien nach dem Zweiten Weltkrieg eine relativ erfolgreiche Periode erlebte.

Was den Stamokap eigentlich ausmacht, ist deshalb schwer zu begreifen, weil er uns Heutigen nicht fremd, sondern zu vertraut vorkommt. Im Alltagsbewusstsein der Politiker ist es eine Selbstverständlichkeit, dass Regierungen für die bestmöglichen Verwertungsbedingungen des im Staatsgebiet tätigen Kapitals sorgen müssen. Allenfalls gibt es noch die Nebenbedingungen, dass zugleich die Ergebnisse regelmäßiger allgemeiner Wahlen und die Willensäußerungen von Organisationen wie zum Beispiel Gewerkschaften oder politischen Parteien zu berücksichtigen sind, die nicht unter direkter Kontrolle des Finanzkapitals stehen. Angela Merkels Forderung nach »marktkonformen« Parlamentsbeschlüssen (am 1.9.2011 auf dem Höhepunkt der Euro-Staatsschuldenkrise) drückt diese Haltung trefflich aus.

Man vergleiche damit auch die im Jahr 2000 verabschiedete Lissabon-Strategie der EU, die das Ziel formulierte, bis 2010 »zum wettbewerbsfähigsten und dynamischsten Wirtschaftsraum in der Welt« zu werden.

Den liberalen Staatstheorien zufolge sollte der Staat nur das Minimum regulieren: Das Leben und vor allem das Eigentum der Bürger vor inneren oder äußeren Gefahren schützen. Dennoch haben bürgerlich regierte Staaten ganz wie die Fürstenstaaten Zölle erhoben – zum Schutz der heimischen Industrie und/oder Agrarwirtschaft.

In den Kriegen bildet sich die enge Verbindung zwischen privaten Kapitalisten und öffentlichem Staatsinteresse heraus. Im Adelsstaat ist die Lage noch anders: Der Monarch muss das Parlament einberufen, um Steuern zum Führen seiner Kriege zu erhalten. Sobald die Regierung in den Händen der Bürgerlichen ist, wird das Verhältnis inniger, ganz so wie in den kriegerischen Stadtstaaten des Handelskapitals von Genua und Venedig. Das englische Parlament genehmigte, wie oben erwähnt, die Finanzierung eines Krieges gegen Frankreich durch ein Bankerkonsortium, der Bank von England. Zugleich sorgte der bürgerliche Staat dafür, dass Geld in ausreichendem Maß zum Kauf der kapitalistisch produzierten Waren zur Verfügung stand. Dass der Staat eng mit den Bankern zusammenarbeitete, um den Krieg zu finanzieren, ist Tradition aus alten Zeiten. Relativ neu ist das stärkere Eingreifen des Staates in die materielle Produktion und in die Bereitstellung der Voraussetzungen für kapitalistische Reproduktion.

Wie die Herausbildung der Monopole beginnen auch die intensiven Staatseingriffe in den letzten Jahrzehnten des 19. Jahrhunderts. Die Entwicklung der sogenannten Staatsquote legt davon Zeugnis ab. Die Quote gibt den Anteil der Staatsausgaben im jeweiligen Jahr am gesamten Bruttoinlandsprodukt (BIP) an.

Staatsquote in ausgewählten Jahren *(in %)*

Land	1890	1925	1939	1950	1973	1993
Deutschland	12,9	22,4	36,9	30,8	40,1	56,8
Frankreich	15,0	21,9	29,2	28,4	38,3	54,9
GB	9,2	23,6	33,4	32,6	40,5	43,4
USA	7,1	11,7	22,2	23,0	29,8	34,5

Quelle: www.statista.com

In allen kapitalistischen Ländern steigt die Staatsquote bis in die 1980er Jahre erheblich an. Sie erreicht dann in vielen Ländern über 50 Prozent, in den USA und Japan nur etwa 40 Prozent. Was die Tabelle im Detail nicht zeigt, ist der steile Anstieg der Staatsquote in den beiden Weltkriegen und während der Wirtschaftskrisen. In Wirtschaftskrisen sinkt das BIP im Nenner der Quote, zugleich behält der Staat seine Ausgaben bei oder erhöht sie noch, um, wie geschehen im Krisenjahr 2008/09, die Banken und die Konjunktur zu stützen. Die langfristige Steigerung der ökonomischen Tätigkeit des Staates hängt mit den Erfordernissen der kapitalistischen Reproduktion bei zunehmender Vergesellschaftung der Arbeit zusammen. Weniger geschwollen ausgedrückt, ergibt sich in Krieg und ökonomischen Krisen die absolute Notwendigkeit des Staatseingriffs. Wie der »Deus ex machina« im französischen Theater des Absolutismus hilft der Staat den Kapitalisten aus der Patsche. (Dagegen Helmut Kohl 1970: »Bei einer Staatsquote von 50 Prozent beginnt der Sozialismus« – Ach, wenn es doch so einfach wäre!)

Der Staatsmonopolistische Kapitalismus bedeutet, dass der Staat nicht nur die politische Absicherung des kapitalistischen Reproduktionsprozess betreibt, sondern eng mit diesem Reproduktionsprozess auf vielen Ebenen verbunden ist und sogar selbst an der Verwertung der Arbeitskraft teilnimmt. Falsch allerdings ist die These, dass Monopole und Staat zum Stamokap »verschmelzen«, wie die Autoren des sowjetischen Politökonomie-Lehrbuchs (Lehrbuch Politische Ökonomie, S. 548) meinen. Denn am grundlegenden Verhältnis von herrschender Klasse und ihrem Staat ändert sich nichts: Der Staat bleibt ihr Instrument. Die Herrschaftsinstrumente des Staates sind Ausdruck für die Herrschaft der Klasse. Das gilt auch für den Staat im Stamokap. Der Ausdruck »Verschmelzen« von Klasse und ihrem Staat ist auch deswegen schlecht gewählt, weil er gerade das nicht einfängt, was das Eingreifen des Staates für das monopolkapitalistische System so wertvoll macht. Das Kapital (ob monopolistisch oder nicht) muss sich bei Strafe seines Untergangs verwerten. Das gilt für den Staat ganz und gar nicht. Gerade weil er sich nicht verwerten muss, kann er auch die ökonomischen Probleme beseitigen, die die Profitrate des Monopolkapitals schmälern könnten.

Es lohnt sich durchaus, die verschiedenen Arten der Staatseingriffe zu betrachten, mit denen der Staat den (Monopol-) Kapitalisten immer wieder aus der Patsche hilft:

1. Zunächst die Mutter aller Staatseingriffe: der Kriegs- und Rüstungskapitalismus. Im Ersten Weltkrieg erlebte der Stamokap seine erste Blütephase. Die materielle Produktion und die Verteilung wurden nicht dem Markt und nicht der monopolistischen Konkurrenz überlassen, sondern in Ausschüssen mit den entsprechenden Konzernen geplant. Der Staat sorgte für die Zusammenlegung von Betrieben und förderte so die Monopolisierung.
2. Schutz des nationalen Kapitals vor ausländischer Konkurrenz. Das klassische und heute noch gern verwendete Mittel sind die Zölle. In Deutschland ging die gemeinsame Zollerhebung durch den Zollverein der deutschen Staatsgründung voraus. Man vergleiche dazu das Gedicht auf den Deutschen Zollverein des Satirikers (und nebenbei Schöpfers der Nationalhymne) A. H. Hoffmann von Fallersleben aus dem Jahr 1840 (Hoffmann von Fallersleben, S. 102). Wie die US-Regierung Trump zeigt, wird heute der Einfuhr-

zoll auch auf Seiten der starken Volkswirtschaften erhoben. Dem Einfuhrzoll als Abwehrmaßnahme entspricht auf der anderen Seite die Exportförderung. Die Regierung sieht die Öffnung ausländischer Märkte als Hauptaufgabe an. Unerlässlich sind auch die Staatsgarantien für Lieferantenkredite, in Deutschland die sogenannten Hermes-Bürgschaften.

3. Nicht weniger bedeutend ist der Schutz des heimischen Kapitals vor Übernahme und Kontrolle aus dem Ausland. Für die stärksten kapitalistischen Staaten ist das allerdings die Ausnahme. Sie tritt heute vor allem dann auf, wenn chinesische Kapitalisten die Kontrolle übernehmen wollen. Gegen Übernahmen aus den USA wurde die letzte Klage laut, als deutsche Banker und der damalige SPD-Vorsitzende Franz Müntefering den Angriff der US-»Heuschrecken« auf die deutsche Industrie beklagten (aber keine Maßnahmen ergriffen). Wichtiger aus Sicht der starken kapitalistischen Staaten ist die Sicherung des Kapitalexports. Hier ist es die vornehmste Aufgabe, dafür zu sorgen, dass Kapitalinvestitionen nicht nur zugelassen, sondern auch mindestens so wie einheimische Unternehmen gefördert, und schließlich vor allem, dass die erzielten Profite auch heimgeholt werden können.
4. Die Aufsicht über Produkte, Maße, Patente, Baurecht, Normierung, Zulassung – die Regulierung des Warenmarktes. Das ist ein vielfältiges Gebiet. Die EU hat diesen Bereich des Staatshandelns weitgehend übernommen. Allerdings wird die Überwachung von nationalen Stellen geleistet. Ein krasses Beispiel für Staatsversagen auf diesem Gebiet bei gleichzeitig enger Zusammenarbeit zwischen Staat und Industrie ist der Dieselskandal. Es wurden Obergrenzen für die Belastung der Luft mit gesundheitsschädlichen Abgasen EU-weit festgelegt, zugleich aber keine angemessenen Konsequenzen für die Zulassung von Fahrzeugen gezogen, die die Gase ausstoßen.

5. Die Bereitstellung der Infrastruktur (Verkehr, Wasser- und Elektrizitätsversorgung, Kommunikationssysteme). Die Rüstungsanstrengungen waren insbesondere im Deutschen Reich ein starker Treiber der Staatseingriffe. 1913 befanden sich bereits das gesamte Eisenbahnnetz und das Nachrichtenwesen in Staatseigentum. Der staatliche Anteil an der Erzeugung von Elektroenergie stieg zwischen 1900 und 1913 von 22,3 auf 37,6 Prozent (Der Imperialismus der BRD, S. 18). Aber dies entsprach auch der Notwendigkeit einer immer größer werdenden Vergesellschaftung der Produktion. Nach dem Zweiten Weltkrieg wurde das Staatseigentum in Westeuropa weiter ausgeweitet. Das geschah großenteils auf Druck demokratischer Bewegungen, aber auch auf Veranlassung der alten privaten Eigentümer, um den Staat an den Kosten des Wiederaufbaus zu beteiligen. In Westdeutschland wurde der Steinkohleabbau an der Ruhr den privaten Zechenbetreibern vom Staat abgekauft, in die Ruhrkohle AG eingebracht und fast fünf Jahrzehnte lang subventioniert – ein Musterbeispiel dafür, wie der Stamokap funktionieren kann. Aber auch eine gute Erläuterung, warum sterbende Industrien oder Unternehmen der Staatsfürsorge überlassen werden.
6. Die mindestens ebenso wichtige Aufgabe, die der Staat für das Kapital übernommen hat, ist dessen Versorgung mit fähigen und billigen Arbeitskräften. In Deutschland beginnt das mit der Einführung der Schulpflicht, in einigen Fürstentümern schon im 17. Jahrhundert, in Preußen formal schon 1717 und in Bayern 1802. Das ist jedenfalls viel früher als in England. Der Stamokap-Staat bedeutet auch das, was man gemeinhin den »Sozialstaat« nennt. In Deutschland werden Sozialversicherungen mit Pflichtbeiträgen vom Lohn unter Bismarck eingeführt. »So sollten die unter Reichskanzler Otto von Bismarck in den 1880er Jahren in Deutschland eingeführte Kranken- und Unfallversicherungen die wachsende Bevölkerungsschicht der Industriearbeiter von revolutionären

Bestrebungen abhalten«, liest man zutreffend bei Wikipedia. In Deutschland wird der größte Teil der Sozialausgaben über eigene Haushalte der Sozialversicherungen abgewickelt. Der Klassenkampf im Staatsmonopolistischen Kapitalismus geht oft über die wichtige Frage der Umgestaltung der sozialen Sicherungssysteme. Der Gesundheitssektor, in fast allen entwickelten kapitalistischen Ländern die größte Wirtschaftsbranche, ist vom Sozialsystem abhängig, funktioniert aber sehr weitgehend unter kapitalistischen Produktionsverhältnissen.

7. Die staatsmonopolistische Regulierung hat auch das Ziel, den Verlauf von Wirtschaftskrisen zu glätten. Wirtschaftspolitik wurde zur Konjunktursteuerung. Voraussetzung dafür ist natürlich ein großer staatlicher Sektor. Zur akzeptierten Praxis wurde das nach dem Zweiten Weltkrieg. Die ideologischen Grundlagen dazu lieferte John Maynard Keynes: Während Einzelkapitale oder auch Monopolgruppen den Konjunkturzyklen ausgeliefert sind, können souveräne Staaten, die sich antizyklisch verschulden und selbst geschöpftes Geld in Krisen in den Wirtschaftskreislauf pumpen, den Abwärtstrend in einer Krise stoppen und sogar umkehren. Natürlich handeln sie dabei auch im Interesse des Monopolkapitals. Die Erfolge dieser Art Wirtschaftspolitik werden seit der weltweiten Wirtschaftskrise der 1970er Jahre von der herrschenden Fraktion des Monopolkapitals in Frage gestellt und nur noch gelegentlich – zum Beispiel in der Krise 2008 – angewendet.
8. Die Gestaltung der Steuern ist ein sehr wichtiges Instrument zur Regulierung und Förderung der monopolistischen Konzerne. Wie der Gewinn besteuert wird, welche Gewinnarten und welche Gewinnverwendung von der Steuer freigestellt werden, wie Abschreibungen steuerlich anerkannt werden, sind meist sehr effektive Mittel, um Exporte, Investitionen oder die Stärkung gewisser Branchen zu erzielen. Die Hauptendenz in den letzten Jahren bestand darin,

die direkten Steuern zurückzuführen und indirekte Steuern, also fast durchweg Verbrauchssteuern, zu erhöhen. Verbrauchssteuern (in Deutschland vor allem die »Mehrwertsteuer« und die verschiedenen Steuern auf Energie) werden von den produzierenden Unternehmen und vom Handel, wo sie erhoben werden, auf die Verbraucher weitergewälzt, die sie zusammen mit dem Preis der Ware bezahlen. Sie belasten den Verbraucher, also alle Bürger. Prozentual sind die Armen davon stärker betroffen, weil sie einen viel größeren Teil ihres Einkommens für den täglichen Konsum verwenden müssen. Verbrauchssteuern fördern auch den Export, weil exportierte Waren von der Steuer freigestellt sind.

9. Wie in Kapitel 1 und 2 schon angemerkt, ist die Branche Finanzen von Anfang an und dem Wesen der Sache nach eng mit dem Staat verbunden. Das Geld selbst bedarf der staatlichen Festlegung, der Schöpfung und der Garantie in die Solidität der Angelegenheit. Nur in äußersten Notzeiten wird der Warentausch in spontan vereinbarter Notwährung, etwa Zigaretten, abgewickelt. Schon der einfache Kredit bedarf der rechtlichen Festlegung. Die Banken können ihre Macht erst entfalten, wenn sie der staatlichen Aufsicht unterliegen und damit das Vertrauen des Publikums gewinnen, sein Geld in ihre Hände zu legen. Die Zentralbank entsteht in allen Ländern im engen Zusammenwirken von privaten Bankern und Staat. In der Periode des Stamokap führt u. a. die Ausweitung der öffentlichen Verschuldung zur Ausweitung des Finanzsektors. Der Staat regelt das Gesellschaftsrecht, genehmigt den Handel mit Aktien und dessen Organisation an Börsen. Die Spekulation mit Grund und Boden bedarf der rechtlichen Regelung in Hypothekenrecht und Pfandbriefrechten. Die Versicherungen könnten ohne staatliche Aufsicht und steuerliche Erleichterungen nicht existieren. Banken gründen Investmentfonds, deren Erfolge aber beruhen darauf, dass der Kunde nicht mehr als am Bankschalter übervorteilt wird.

Klassenkompromissperiode und Neoliberalismus

Menschen etwa im Alter des Autors (Jahrgang 1944) haben in ihrer Lebenszeit schon zwei Varianten des entwickelten Stamokap genossen: die eine Variante dauerte vom Ende des Zweiten Weltkrieges bis in die Mitte der 1970er Jahre. Die zweite Variante ist die noch aktuelle. Man nennt sie auch das Regime des Neoliberalismus. Bei beiden Varianten handelt es sich, wie gesagt, um einen Kapitalismus, der von Monopolen geprägt und vom Finanzkapital gesteuert wird und in dem der Staat an allen Ecken und Enden eingreift, um das System zum Vorteil der herrschenden Klasse am Laufen zu halten. Der Stamokap entsteht in der Zeit vor den beiden Weltkriegen, er erfährt seine erste Blütezeit in den Weltkriegen.

Seine erste voll entwickelte Form erlebt er danach. Es ist die Periode, die der marxistische Historiker Eric Hobsbawm »das goldene Zeitalter des Kapitalismus« genannt hat und die man vielleicht mangels eines besseren Ausdrucks als die »Periode des imperialistischen Klassenkompromisses« bezeichnen könnte. Es ist die Periode von der Weltwirtschaftskrise der 1930er Jahre bis zur »kleinen« Weltwirtschaftskrise Mitte der 1970er Jahre. Diese Form des Stamokap ist gekennzeichnet von der Reaktion des Kapitalismus/Imperialismus auf das stärker werdende sozialistische Lager, auf den Aufschwung der Arbeiterbewegung in den imperialistischen Ländern und auf den vielfach erfolgreichen Kampf der Völker gegen deren Kolonialismus. Der Kompromiss bestand auf Seiten der herrschenden Klassen der kernkapitalistischen Länder nach der Überwindung des Faschismus darin, die Ausbeutung der eigenen Arbeiterklasse ein wenig zu mäßigen. Sie haben im Innern eine Wirtschaftspolitik betrieben, die den niederen Klassen und Schichten einen relativ hohen Anteil am erwirtschafteten Produkt ließ. Ludwig Erhards (Wirtschaftsminister unter Konrad Adenauer und später kurz selber Bundeskanzler) Propagandaruf »Wohlstand für alle« war nicht nur Geschwätz. Vielmehr stiegen die Löhne, und die soziale Lage der Mehrheit der Bevölkerung verbesserte sich. Zugleich wurden die Konkurrenz unter den kapitalistischen Staaten sowie die Freizügigkeit des Finanzkapitals unter dem Kommando der USA etwas eingedämmt. Beides hatte zur Folge, dass die wirtschaftliche Wachstumsrate hoch und die Arbeitslosigkeit niedrig waren. Dieses Modell des Stamokap war wirtschaftspolitisch vom Keynesianismus geprägt, es orientierte sich auf eine teilweise Befriedung der Arbeiterklasse, es setzte in betonter Form staatliche Mittel zur Stärkung der jeweils nationalen Kapitalakkumulation ein. Es wird von manchen wegen der in großen Industriebetrieben mit langen Fertigungsstraßen gewonnenen größeren Arbeitsproduktivität und dem dank steigender Löhne sich entwickelnden Massenkonsum auch als »Fordismus« bezeichnet. Besseres hatte es im Kapitalismus bisher (und erst recht nicht seitdem) nicht gegeben. Hobsbawms Bezeichnung ist daher berechtigt.

Wachstum und Produktivität des Kompromissmodells des Stamokap ließen aber gegen Ende der 1960er Jahre nach – und zwar in den Zentren des Imperialismus selber, besonders in den USA. In der innerkapitalistischen Konkurrenz fielen die USA gegen Westeuropa und Japan zurück. 1973 kündigten die USA das Abkommen von Bretton Woods (mit der Vereinbarung fester Wechselkurse und einer gewissen Kontrolle des Kapitalverkehrs). 1979 wurde mit Margaret Thatcher in Großbritannien, 1981 mit Ronald Reagan in den USA der Neoliberalismus zur offiziell deklarierten Wirtschaftspolitik. Der Kampf gegen die Arbeiterklasse des eigenen Landes wurde wie in den 1920er Jahren wieder zur Staatspolitik. Es galt, den Profit des im eigenen Land siedelnden Kapitals rasch zu erhöhen. Zu diesem Zweck mussten erstens die wichtigsten Kosten (die Löhne) gesenkt werden. Dazu wiederum mussten die Gewerkschaften zerschlagen oder zumindest entmachtet werden. Zweitens mussten die Steuern und Abgaben der Kapitalisten gesenkt werden. Das Ergebnis ist der neoliberale »schlanke«

Staat, der möglichst wenig Geld für den Erhalt der Arbeitskräfte (Gesundheit, Erziehung) und Infrastruktur ausgibt und stattdessen große Teile dieser Tätigkeiten der privaten Kapitalverwertung überlässt. Wichtige Randbedingung für den Neoliberalismus ist die Öffnung der nationalen Grenzen für den Kapitalmarkt. Wo die Profite hoch sind, strömt Kapital hin. Der »Erfolg« der Regierungen Thatcher und Reagan ergab sich aus der Kapitalzufuhr aus anderen imperialistischen Ländern. Der zu Lenins Zeiten noch bescheidene Kapitalexport der imperialistischen Länder erweitert sich zu einem regen Kapitalverkehr oder Finanzmarkt, der aus den imperialistischen Zentren gesteuert wird.

Dieses neoliberale Modell des Stamokap hat sich seit damals weltweit durchgesetzt. In Deutschland offiziell mit der Regierung Kohl 1982, in Frankreich im dritten Jahr der Präsidentschaft Mitterrands 1984 nach dem Scheitern des Versuchs einer linken, keynesianischen Wirtschaftspolitik in einem Land. Das neoliberale Regime der 1980er Jahre bis heute ist gleichbedeutend mit dem, was Linke als »Offensive des Kapitals« verstehen. Hauptzweck dieser Offensive ist, marxistisch gesprochen, die Erhöhung der Ausbeutungsrate = Mehrwertrate. Im Detail beschreibt es David Harvey in »Kleine Geschichte des Neoliberalismus«. Dieser angestrebte Zweck, so muss man heute konstatieren, wurde erreicht. In allen Ländern des entwickelten Kapitalismus dürfte die Ausbeutungsrate heute höher sein als in den 1970er Jahren und 80er Jahren. Der beste Ausdruck in den offiziellen Statistiken dafür ist die Verteilungsseite der Volkswirtschaftlichen Gesamtrechnung. Sie weist für alle entwickelten Länder einen gegenüber der Periode vor 30/40 Jahren einen höheren Profitanteil und demzufolge einen geringeren Anteil der Löhne und Gehälter am Volkseinkommen aus. Das ist eine Grobbetrachtung des Verhältnisses der beiden Hauptklassen. Sie sagt über die Verhältnisse innerhalb der beiden Hauptklassen noch nichts aus. Aber es ist das ökonomische und zugleich wichtigste Kennzeichen des Zurückweichens der Lohnabhängigen.

Im Neoliberalismus verändert sich auch die Herrschaftsstruktur der Gesellschaft. Das Finanzkapital wird sozusagen finanzieller. Die Mehrwertproduktion in Industrie, Handel und Rohstofferzeugung ist zwar nach wie vor der Kern der Sache. Zugleich aber tritt der Kapitalmarkt, der Umschlag des fiktiven Kapitals in den Vordergrund. Viele Beobachter sprechen vom »Finanzkapitalismus«. Jörg Huffschmid spricht vom »finanzmarktgetriebenen Kapitalismus« (Huffschmid, Politische Ökonomie der Finanzmärkte, 1999). Beide Begriffe hören sich sehr nach dem an, was Hilferding, Lenin u. a. über den Charakter des Kapitalismus am Vorabend des Ersten Weltkrieges gesagt haben. Die Monopole üben ihre Herrschaft damals und heute über die Kontrolle des Kapitalmarkts aus.

Im ausgehenden 19. Jahrhundert spielten die Finanzspekulation und insbesondere die Aktienbörse eine enorm wichtige Rolle. Die Schicht der Rentiers ist längst etabliert und lebt vom Kuponschneiden der Staatsanleihen aus Russland, Ägypten und anderswo. Emile Zolas Roman »Geld« ist eine prächtige, bis heute zutreffende Illustration dieser Zustände. Der heutige, vom Neoliberalismus geprägte Kapitalismus ist dem Kapitalismus der vom Monopolkapital geprägten reaktionären Kaiserreiche in Europa auch in der ökonomischen Struktur sehr ähnlich. In beiden Fällen hat er zu sich selbst gefunden. Denn das die Veranstaltung bestimmende Element, die Jagd nach dem höchstmöglichen Profit, wird perfektioniert. Die juristischen und ökonomischen Regeln sind danach ausgerichtet (und werden heute mit dem falschen Begriff als die »Ökonomisierung« aller Lebensbereiche bezeichnet – richtig wäre es, von »Profit- oder Renditeorientierung« zu sprechen). Die relativ kurze Zeit, die nach den davon verursachten Katastrophen folgte, das ist die Ausnahmeperiode, in der das Finanzkapital – im Interesse des Überlebens dieser Produktionsweise – ein wenig gezügelt wurde.

Herstellung von Ungleichheit

Das Ziel des Neoliberalismus war explizit die höhere Profitabilität der großen Kapitalgruppen. Das Finanzkapital von allen Fesseln der Profitmacherei zu befreien, war deshalb Programm und folgerichtig auch die Aufblähung des Finanzsektors sowie die »Finanzialisierung« der gesamten Ökonomie. Das Ergebnis ist wie gewünscht zu besichtigen. Die Ungleichheit der Einkommen und Vermögen ist in den vierzig Jahren weltweit massiv gestiegen. Thomas Piketty hat in »Das Kapital im 21. Jahrhundert« diese Entwicklung umfassend dargestellt. Erklärt werden muss allerdings auch, weshalb diese Variante staatsmonopolistischer Politik in mancher Hinsicht erfolgreich war.

Je größer die Ungleichheit in einer Volkswirtschaft, desto wahrscheinlicher ist die klassische Überproduktionskrise. Denn nur die Lohnabhängigen und die anderen wenig verdienenden Haushalte einer Volkswirtschaft geben den größten Teil ihrer Einkommen für den Konsum zum Zwecke ihrer Weiterexistenz aus. Je höher das Einkommen, desto mehr wird gespart. Wenn der Einkommenszuwachs der gut und sehr gut Verdienenden größer ist als der der Kleineinkommen, bleibt die effektive Nachfrage hinter den Ersparnissen/Investitionen zurück. Diese klassische Ursache für die kapitalistische Krise kann oft durch andere Nachfrage kompensiert werden und wird es auch. Typisch ist etwa die Lösung steigenden Exportes oder durch Verschuldung des Staates angeregte Nachfrage nach Investitions- und/oder Konsumgütern. Im neoliberalen Regime mit sehr schnell steigenden Profiten und hohen Einkommen müsste eigentlich die Überproduktionskrise schnell erreicht sein. Erstaunlich ist demnach nicht, dass es nach Ausbruch der Finanzkrise 2007 zu einer klassischen weltweiten Überproduktionskrise kam. Erstaunlich und erklärungsbedürftig ist vielmehr, dass diese Krise erst so spät eintrat.

Den kapitalistischen Ländern des Zentrums kamen zwei Umstände zu Hilfe. Der eine war die dritte technische Revolution der Mikroprozessoren, die Kapitalisten veranlasste, den Produktionsprozess umzustellen, neue Produkte auf den Markt zu werfen und damit erhebliche Investitionen zu tätigen. Der zweite waren das Ende des Sozialismus in der Sowjetunion und Osteuropa sowie die Öffnung Chinas. Beide Regionen absorbierten einen enormen Schub an Investitionen aus den entwickelten kapitalistischen Ländern.

Ein schnell wachsender Finanzsektor, wie er dem Regime des Neoliberalismus entspricht, hat zunächst eine ähnliche Wirkung: Auch er absorbiert Ersparnisse der Reichen und Superreichen. Sie »investieren« das überschüssige Geld in allerlei Projekte, beispielsweise Hedgefonds, deren Gewinnversprechen auf der Nutzung von hoher Verschuldung und spekulativem Engagement besteht. Als absurdes Beispiel können die Bitcoins und andere sogenannte Kryptowährungen gelten. Immerhin wurden seit 2009, als die Bitcoins erfunden wurden, hunderte von Milliarden Dollar in diese sonderbaren Spekulationsobjekte versenkt, in der Hoffnung, dass sie tatsächlich einmal zu Geld, also allgemein gültigem Zahlungsmittel werden würden. Wenn die Spekulation am Ende ist, ist auch das Geld weg, das in diese Investments gesteckt worden ist.

In der Aufwärtsphase, wenn die Spekulationsobjekte (Immobilien, Unternehmen und Aktien, Rohstoffe, Kunstwerke und absurde Dinge wie Bitcoins) von Tag zu Tag und von Jahr zu Jahr teurer werden, entsteht nicht nur bei den Spekulanten selber, sondern in der ganzen Gesellschaft die Überzeugung, besser Illusion, wachsenden Reichtums. Tatsächlich haben spekulativ steigende Preise von Waren, deren Wert eigentlich unverändert ist, überraschenderweise reale Wirkung. Das Beispiel des Aktien- und Immobilienhandels führt es vor: Die Makler und Händler verkaufen das, was sie vor einer Woche gekauft haben, mit 5 Prozent Aufschlag. Sie haben tatsächlich mehr Geld in der Tasche. Die Aktien- und Immobilienbesitzer beobachten vergnügt, wie der Wert, besser Preis, ihres Eigentums steigt. Sie erhalten von der Bank mehr Kredit, wenn sie ihr Aktienpaket oder ihre Immobilie als Sicherheit verpfänden. Beide Gruppen geben tendenziell auch mehr Geld für völlig andere Waren aus. Sie kaufen etwas mehr Brötchen und sehr viel mehr Luxuskram, wie zum Beispiel SUVs. Die Produktion von beiden wird erhöht und damit – ein Wunder der Spekulation – wächst der Reichtum der Gesellschaft. Das ist ein Grund, warum steigende Preise an der Aktienbörse in der öffentlichen Wahrnehmung positiv besetzt sind. Das ist eigentlich erstaunlich. Denn wenn zum Beispiel der Benzinpreis steigt, freut sich außer den Ölmagnaten und -aktionären niemand.

Noch erstaunlicher ist, dass die Politik der US-Regierungen seit vielen Jahren darauf ausgerichtet ist, vor allem dem Aufwärtstrend bei Aktien Schwung zu verleihen und Einbrüche zu vermeiden oder zumindest in Grenzen zu halten. Der rationale Grund dieser Politik – es gibt auch viele irrationale – besteht darin, dass das Wachstum der Volkswirtschaft vom spekulativen Aufwärtstrend der Preise von Aktien und Immobilien abhängt. Es ist hier nur von der Politik der USA die Rede, nicht weil die Regierungen anderer Länder sie für falsch halten würden. Sie wissen allerdings aus Erfahrung, dass sie sehr viel weniger Mittel haben, die spekulativen Trends der Finanzmärkte zu beeinflussen.

Die Preisblasen an den Vermögensmärkten und die Explosion von Kreditgewährung/Verschuldung hängen in der Praxis eng zusammen: Nur mit zusätzlichem Kredit entsteht die zusätzliche Nachfrage nach Unternehmen, Aktien und Immobilien, was deren Preise hochtreibt. Und dank der höheren Preise wird den Eigentümern der teurer gewordenen Vermögensgegenstände höherer Kredit gewährt. Aber analytisch sind Kredit/Verschuldung der Preisentwicklung gegenüber gesondert zu behandeln. Sie sind die wichtigste und grundlegende Ursache für den aufgeblähten Finanzsektor. Die Macht des Finanzkapitals ist gleichbedeutend mit der Schuldner-Kredit-Beziehung. Wie viel Verschuldung sich ein Unternehmen leisten kann, ist eine oft gestellte und für die Finanzpolitik des Unternehmens wichtige Frage. Michael Hudsons Feststellung, dass für Volkswirtschaften, geschweige denn die Weltwirtschaft diese Frage nicht gestellt und schon gar nicht beantwortet wird, heißt nicht, dass sie nicht relevant wäre.

Fest steht, dass die Verschuldung der kapitalistischen Volkswirtschaften in den Jahren der Herrschaft des Neoliberalismus massiv gestiegen ist. Die im vorigen Kapitel zitierten Angaben der Beratungsgesellschaften über die Vervielfachung der Vermögenswerte im Vergleich zur Entwicklung des Bruttosozialprodukts geben einen wichtigen Anhaltspunkt. Unter der Verschuldungsquote einer Volkswirtschaft wird die Summe der Schulden der nichtfinanziellen Sektoren der Wirtschaft (Haushalte, Unternehmen und Staat) gegenüber dem Finanzsektor in Beziehung zum jeweiligen BIP gesetzt. Die Bank für Internationalen Zahlungsausgleich (BIZ) zeigt, dass die so definierte Verschuldung weltweit von 2007 bis 2018 von 110 auf fast 185 Billionen Dollar gestiegen ist, was einem von 179 auf 219 gestiegenen Prozentsatz am Weltbruttosozialprodukt entspricht. Über die Tatsache hinaus, dass die Verschuldung auch seit der Finanzkrise innerhalb der kapitalistischen Volkswirtschaften gestiegen ist, lässt sich aus diesen Zahlen nicht sehr viel ableiten. Zum einen dürfte die gegenseitige Verschuldung innerhalb des Finanzsektors ebenfalls erheblich sein. Allein der Geldmarkt unter Banken setzt täglich Kredite in Hundertmilliardenhöhe um. In Bankbilanzen ist üblicherweise die Verschuldung gegenüber anderen Bankinstituten der größte Posten auf der Passivseite. Wichtiger noch, im Sektor Haushalte sind alle zusammengefasst, vom reichsten Promille der Bevölkerung bis zum letzten Drittel der praktisch Besitzlosen.

Eine hohe Verschuldung der Gesellschaft insgesamt wäre ja völlig problemlos, wenn sie gleichmäßig verteilt wäre, wenn, wie uns die Banken und ihre Anlageberater weismachen wollen, tatsächlich die Ersparnisse der Millionen bei der Bank deponiert und von dort an das produktiv tätige Kapital verliehen würden, und wenn demzufolge der größte Strom an Zinszahlungen von den Kapitalisten über die Bank an die einfachen Massenhaushalte strömen würde. Wir wissen, dass es so nicht ist, sondern dass die Nettogläubiger natürlich das reichste Zehntel der Bevölkerung sind, was ja neben Grundbesitz und Produktivvermögen dessen Vermögen ausmacht. Und wir wissen auch, dass mit wachsendem Verschuldungsniveau in der Gesellschaft das Finanzkapital und der Reichtum seiner Eigentümer (das reichste Promille der Haushalte) an Vermögen und Macht zunehmen.

Weil das so ist, kann man zumindest einige Schlussfolgerungen ziehen. Erstens, die Zinszahlungen der Schuldner an die Gläubiger treiben den Prozess in Richtung auf immer größere Ungleichheit auf die Spitze. Zweitens führt der den Schuldnern aufgebürdete wachsende Tribut an Zinszahlungen zu mäßig wachsenden oder stagnierenden Masseneinkommen, schwächer werdender Nachfrage und Produktion, zu nachlassenden Investitionen und rückläufigem Wirtschaftswachstum. Drittens kann die Zunahme der weltweiten Verschuldung nicht für immer weitergehen. Vermögenspreisinflation und Kreditexpansion sind von der Natur der Sache her Prozesse, die irgendwann ihr Ende finden. Wir wissen nicht, wo die Grenze dieses Verschuldungsprozesses verläuft, aber wir wissen, dass es sie gibt. Offen ist auch, ob der Verschuldungsprozess durch eine plötzliche Finanzkrise wie 2007 gestoppt (oder wie 2007 eben nur vorübergehend gestoppt) wird, oder ob durch andere krisenhafte Entwicklungen die Gläubigerpositionen (des Finanzkapitals) entwertet werden können.

Eine Sonderbetrachtung ist die Verschuldung des Staates wert. Wenn die Kapitalakkumulation, die Investitionen von Industrie und Handel und deren Nachfrage nach Kredit geringer werden, hat sich der Staat häufig als erstklassige und leicht anzapfbare Zinsquelle für das Finanzkapital ergeben. Die Staatsschulden in Form von Staatsanleihen sind für das internationale Finanzkapital zur eigentlichen zinstragenden Währung geworden. Der Staatsmonopolistische Kapitalismus hat die Alimentierung des Finanzkapitals durch das Management der Schulden und die Betreuung der Geschäftsbanken durch die Zentralbank perfektioniert. Die Befriedigung der Gläubiger ist dabei oberstes Gebot.

Die wachsende Staatsverschuldung passt bestens zum immer weiter gehenden Verzicht auf die Besteuerung von monopolistischen Unternehmen, Großvermögen und Einkommen der Superreichen. In Deutschland zum Beispiel wurde die Vermögenssteuer abgeschafft, der Spitzensatz der Einkommensteuer massiv reduziert. Die Tatsache, dass es Steueroasen gibt und dass sie von den Vermögenden genutzt werden, wird ab und zu in der Öffentlichkeit als Skandal präsentiert (z. B. »Paradise Papers«, »Lux-Leaks« oder die Nullbesteuerung von Apple in Irland/EU). Dabei ist offensichtlich, dass diese Praxis nicht nur toleriert, sondern auch erwünscht und geplant ist. Die vielen Steueroasen Britanniens (Kanalinseln, Bahamas, Cayman, Bermudas und Virgin Islands) sind von London eingerichtet, genießen den Schutz der dortigen Regierungen und sind von den EU-Partnern gebilligt worden. Diese bieten im Übrigen ihre eigenen Steuervorteile, und zwar nicht nur Luxemburg, Malta, Zypern und Irland, sondern auch so solide Staaten wie die Niederlande und Deutschland. Die Private-Equity- und Hedgefonds wären nicht halb so superrentabel, wenn sie nicht ihren (steuerlichen) Sitz in den beliebten Steueroasen hätten und wenn die Steuerbehörden der USA und der EU-Länder diese Praxis nicht tolerieren würden. Die immer noch geringer werdende Besteuerung des Reichtums hat wesentlich zur sensationellen Ungleichheit der Vermögen und Einkommen beigetragen. Natürlich auch zur massiv gestiegenen Staatsverschuldung.

Absurderweise ist es der politischen Rechten gelungen, die Verringerung der Staatsschuld zu ihrer Forderung zu machen. Der schlanke Staat, der das Kapital nicht reguliert, sondern fördert und keine Gewinnsteuern verlangt, ist das Ideal der Liberalen und umso mehr der Neoliberalen. Maastricht-Kriterien für EU und Euro und Schuldenbremse im deutschen Grundgesetz schreiben den Neoliberalismus fest. Sie sind Maßnahmen, die dazu dienen sollen, den Stamokap-Staat an Zugeständnissen für die arbeitenden Klassen zu hindern, wie etwa eine keynesianische Politik der Förderung des industriellen Wachstums, der Mehrung von Arbeitsplätzen, der Bereitstellung von Bildung, Infrastruktur und sozialen Leistungen. Als der Neoliberalismus mit Ronald Reagan 1981 auch offiziell an die Macht kam, hat er sogleich gezeigt, wie ein schlanker Staat für die Massen und eine massive Erhöhung der US-Staatsschulden zusammenpassen. Das Finanzkapital ist heute viel weiter. Unter dem Banner der Schuldenbremse werden früher staatliche Leistungen (Renten, Verkehrswege, Bildungseinrichtungen und Krankenhäuser) privatisiert und die Bürger gründlicher ausgeplündert.

Zwitterwesen Notenbanken

Notenbanken oder auch Zentralbanken sind Zwitterwesen, teils Staat und teils Finanzkapital. Sie sind somit der perfekte Ausdruck für die Zusammenarbeit der beiden im Staatsmonopolistischen Kapitalismus. Die schwedische Riksbank (als staatliches Institut gegründet 1668) und die Bank von England (privat gegründet 1694, verstaatlicht erst 1946) sind die ältesten Zentralbankgründungen. Die heute mächtigste Notenbank, die erst 1913 gegründete »Federal Reserve Bank« (Fed) der USA, ist noch heute im Eigentum der zwölf regionalen Reserve Banks, welche ihrerseits den dort angesiedelten Geschäftsbanken gehören. Andererseits ernennt der Präsident der Vereinigten Staaten mit Zustimmung des Kongresses den Vorsitzenden der Fed. Die Entscheidungen über die Geldpolitik trifft ein Gremium innerhalb der Fed, das Federal Open Market Committee, die Entscheidungen über Rettung oder Untergang einer Geschäftsbank meist die regionale Reservebank von New York, wo die Wall-Street-Banken das Sagen haben. Die Banque de France wurde 1800 als unter Staatskontrolle stehendes Institut, aber von privaten Aktionären gegründet und erst 1945 verstaatlicht. Ähnlich die 1876 gegründete Deutsche Reichsbank, die Privaten gehörte und dem Reichskanzler unterstand. Der Zentralbank des deutschen Weststaats, der zunächst »Bank deutscher Länder« und später »Deutschen Bundesbank« von den westlichen Besatzungsbehörden das Privileg der Unabhängigkeit von Weisungen der Regierung und des Parlaments in die Wiege gelegt. Die »Unabhängigkeit« der Zentralbank ist explizit nach dem grandiosen Vorbild der Bundesbank auf die Europäische Zentralbank (EZB) übertragen worden, die den Euro als gemeinsame Währung von 19 Ländern herausgibt. Der Zugriff des Finanzkapitals auf das den Staaten gehörende Institut ist damit abgesichert.

In der herrschenden neoliberalen Doktrin der gut funktionierenden Güter-, Arbeits- und Kapitalmärkte erscheinen die Notenbanken als der entscheidende staatliche Akteur. Während Fiskal-, Regional- und Strukturpolitik nur in Ausnahmefällen stattfinden und in Gestalt der berüchtigten Arbeitsmarktreformen nur Rahmenbedingungen setzen sollen, wird der Notenbank die zentrale Rolle in der Konjunkturpolitik zugewiesen. Die Notenbank ist, weil sie eine Staatsgewalt sui generis ist und nicht einmal der Form nach dem demokratischen Willensbildungsprozess unterliegt, die wichtigste mit staatlicher Macht ausgestattete Institution, die die Durchführung ›sachlich gebotener Entscheidungen‹ gewährleistet. Das ist die Doktrin. Sie entspricht weitgehend der Realität des weltweiten Finanzsystems. Nur mit der – ziemlich entscheidenden – Anmerkung, dass die Märkte nicht ganz so funktionieren wie gedacht.

Die Notenbanken stehen tatsächlich im Zentrum des Finanzsystems, man kann sagen als Verbindungsglied zwischen

Privatkapital und Staatsmacht. Dabei sind sie zwar Teil des Staatsapparats, jedoch dank ihrer mittlerweile fast überall gesetzlich oder sogar konstitutionell garantierten ›Unabhängigkeit‹ kein Instrument des demokratisch legitimierten Staates zur Kontrolle des Finanzmarkts. Im Gegenteil, die Notenbanken sind zum Hebel geworden, mit dem die privaten Finanzinstitutionen die Kontrolle über Regierungen und Parlamente übernehmen.

Die Notenbanken verfügen über das Monopol der Geldschöpfung, treten es allerdings an die Geschäftsbanken ab. Dies geschieht dadurch, dass sie deren jederzeitige Liquidität garantieren. Nur so sind die Geschäftsbanken in der Lage, ein Vielfaches dessen an Kredit zu gewähren, was sie in Form von Kundeneinlagen von Unternehmen und Privatleuten erhalten. Allerdings haben die Notenbanken den Anspruch, die Geldschöpfung (Kreditschöpfung) der Menge nach makroökonomisch zu kontrollieren. Der Menge nach soll hier heißen, dass die Notenbanken in der Regel nicht die Qualität der Kredite kontrollieren. Vielmehr wird unterstellt, dass die einzelne Geschäftsbank im Rahmen des Wettbewerbs dies besser tun kann als die Notenbank. Jedoch auch auf eine makroökonomische Steuerung der Geldmenge verzichten die Notenbanken. Dies gilt auch für diejenigen Notenbanken, die wie die Deutsche Bundesbank sich der von ihr sogenannten Geldmengensteuerung verschrieben haben. Eine Ausweitung oder Verminderung der Kreditvergabe wird in der Regel durch die Veränderung der Leitzinsen angestrebt (und je nach konjunkturellem Umfeld auch erreicht).

Erhöht die Notenbank die Leitzinsen, wird es für die Banken teurer, sich Geld zu beschaffen. Die Zinsen steigen zunächst am Geldmarkt, danach in der gesamten Wirtschaft. Bei niedrigen Zinsen lohnen sich Investitionen rechnerisch schneller als bei hohen. Die Kreditnachfrage steigt, wenn die Zinsen niedrig sind, sie steigt weniger schnell oder schrumpft bei hohen

Zinsen. Die Zinsveränderungen der Notenbank sind also eine indirekte Methode, die Menge des Kredits, oder, was dasselbe ist, die Menge des Geldes im Umlauf zu steuern. Wenn Notenbanken die Zinsen hochsetzen, um die Kreditvergabe und den Geldumlauf zu bremsen, bremsen sie natürlich auch das Wirtschaftswachstum. Bei höheren Zinsen rechnen sich weniger Investitionsprojekte. Die Investitionen der Unternehmen gehen zurück und damit auch die Nachfrage nach Investitionsgütern. Es werden weniger Arbeitskräfte eingestellt oder mehr entlassen. Die höheren Zinsen führen in der Regel einen Abschwung, gelegentlich auch eine Rezession herbei.

Zentralbanker wollen als unparteiische Steuerleute zwischen Rezession und Inflation erscheinen. Im Regelfall gelingt ihnen das auch. Ihre Steuerungsfunktion wird gesellschaftlich hoch geschätzt. Alan Greenspan wurde als Chef der Notenbank Fed (1987 bis 2006) an der Wall Street und weltweit in der an der Finanzspekulation interessierten Öffentlichkeit geradezu verehrt – zumindest bis zum Crash am Aktienmarkt im Jahr 2000. In Deutschland galt die Bundesbank als die staatliche Institution, die höchstes Ansehen genoss. Das gilt sogar noch heute, obwohl sie nur noch als Teil des Eurosystems (das ist der von den Zentralbankern benutzte Ausdruck für die Gesamtheit der Notenbanken im Euro-Währungsgebiet) handeln kann. In Deutschland hat es die Bundesbank mithilfe der interessierten Presse verstanden, das im Bundesbankgesetz fehlende Weisungsrecht der Regierung als ein Prinzip unantastbarer Unabhängigkeit der ganzen Institution erscheinen zu lassen. Diesem Verständnis folgend wurde die Europäische Zentralbank durch den Staatsvertrag von Maastricht für ebenso unantastbar erklärt.

Die Bundesbank hat die ihr schon früh gewährten Vorrechte rigoros genutzt. Tatsächlich war die relativ zu anderen Ländern noch rigorosere Politik der Bundesbank mit dafür verantwortlich, dass über mehrere Jahrzehnte hinweg beides, der Anstieg der Löhne und die Inflationsrate, in der BRD meist geringer waren als im Ausland. Das hat, neben der Größe der deutschen Wirtschaft, mit zur starken Stellung der D-Mark in Europa beigetragen und dazu, dass die rigorose Bundesbankpolitik und die rechtlich starke Stellung im Staatsgefüge zum Vorbild wurden. Auch international haben die Notenbanker erstaunlich viel erreicht. Die Inflationsraten sind in allen Industrieländern seit einem Höhepunkt Ende der 1970er / Anfang der 80er Jahre in mehreren Wellen deutlich zurückgegangen.

Die Methode, die sie dabei angewendet haben, ist im Prinzip einfach. Jedes Mal, wenn die Löhne nach Einschätzung der Zentralbanker zu stark zu steigen drohen, wird die Konjunktur mittels höherer Zinsen gedämpft. Die resultierende höhere Arbeitslosigkeit schwächt die Stellung von Lohnabhängigen und ihren Gewerkschaften, sodass sie keine höheren Löhne mehr durchsetzen können. Die bei ökonomischen Themen klarer als Deutsche sich ausdrückenden US-Amerikaner haben, um es auf den Punkt zu bringen, das Konzept der »natürlichen Arbeitslosenquote« erdacht. Sie stellt eine Untergrenze der Arbeitslosigkeit dar, deren Unterschreiten dem Konzept zufolge zu höherer Inflation führen muss. Es machte den Erfindern dieses Konzepts nichts aus, dass es durchaus Phasen in der Wirtschaftsgeschichte gegeben hat (z. B. Westdeutschland zu Beginn der 1960er Jahre), wo Arbeitslosigkeit von fast null und Inflation von fast null koexistierten. Auch der Zynismus des Konzepts störte sie nicht. Der Erfolg gab ihnen Recht. Die Gewerkschaften wurden mit jedem Konjunkturzyklus schwächer. Der Anteil der Löhne am Sozialprodukt sank.

Von der Entschlossenheit der Notenbanken, steigende Preise zu bekämpfen, war allerdings nichts zu spüren, als gegen Ende der 1990er Jahre die Preise von Vermögenswerten, also von Aktien, anderen finanziellen Forderungen und Immobilien außergewöhnlich kräftig zu steigen begannen. Diese Art Inflation erschien den Notenbankern nicht bekämpfenswert. Im Gegenteil, Anleger, Fondsverwalter, Geschäftsbanker und

Presse jubeln schließlich, wenn die Aktienkurse steigen. Ob und wie die Herausbildung von Spekulationsblasen im Finanzsektor festgestellt und dann bekämpft werden kann, ist unter den Notenbankern spätestens seit dem Platzen der Aktienmarktblase 2000 bis 2003 ein Thema, dem sie sich stellen müssen.

Im Sommer 2002 formulierte der damals amtierende Chairman der Fed, Alan Greenspan, die Position der Institution in Kurzform wie folgt: Spekulationsblasen seien unvermeidbar. Sie als solche zu erkennen, sei nicht immer einfach. Sie mit den Mitteln der Notenbank, also deutlichen Zinsanhebungen zu bekämpfen, sei hochriskant. Die Folge sei möglicherweise genau die Rezession, die man als Folge des Platzens der Spekulationsblase ohnehin zu befürchten habe. Greenspan empfahl daher genau die Handlungsweise, der er und seine Kollegen gefolgt waren. Es gelte, nicht die Spekulationsexzesse zu bekämpfen, sondern die negativen Folgen für die Realwirtschaft, wenn die Spekulationsblase geplatzt sei.

Die Inflation bei den Vermögenspreisen nicht als Gefährdung der Stabilität des Finanzsystems zu begreifen und entsprechend zu handeln, das ist die systematisch unsymmetrische Grundlage der Notenbankpolitik. Besteht die Gefahr eines Booms bei den Arbeitseinkommen, wird rigoros durchgegriffen. Gibt es den Boom aber bei den Kapitaleinkommen und höheren Einkommensklassen, dann wird das toleriert. Die Geldpolitik der Notenbanken erscheint als klassenmäßig neutral, greift jedoch systematisch in die Verteilung des Reichtums zugunsten der oberen und zu Ungunsten der unteren Klassen ein. Man kann zusammenfassend sagen, dass die neoliberale Wirtschaftspolitik ganz wesentlich von der Politik der Notenbanken getragen wurde.

Das schließt ihre Erfolge mit ein. Als ›Erfolg‹ ist dabei zu werten, dass die kapitalistischen Kernländer trotz der forcierten Umverteilung von Arm nach Reich, trotz verschärfter Ausbeutung in der Periode zwischen 1980 bis 2007 ein akzeptables

Wirtschaftswachstum erzielt haben. Einen wesentlichen Beitrag haben die Notenbanken dazu geleistet, indem sie die rasante Kreditausweitung (=Verschuldung) nicht nur nicht gebremst und kontrolliert, sondern aktiv gefördert haben. Dasselbe gilt für die Förderung der Spekulation, die zu einer Erhöhung der Vermögenspreise geführt hat. Beides hatte einen in Geldeinheiten gemessenen Reichtumszuwachs (der vermögenden Klassen) zur Folge, was wenigstens vorübergehend die globale Nachfrage belebt und somit die von der Überakkumulation ausgehenden Probleme überdeckt hat.

Die Finanzkrisen (1990 Japan, 1994 Mexiko, 1997/98 Ostasien, Russland, der Hedgefonds LTCM, 2000/03 Aktienmarkt und schließlich 2007 ff. die große internationale Kreditkrise) waren angesichts dieser Politik zwangsläufig. 2007 und 2008 war das internationale Finanzsystem in unmittelbarer Gefahr des Zusammenbruchs. Um die Zahlungssysteme, den Kreditgewährungsprozess, also die Banken am Leben zu halten, gewährten die Notenbanken den Geschäftsbanken praktisch unbegrenzt Kredit. Schon 2007 senkte die US-Notenbank Fed ihre Leitzinsen. Die EZB folgte zögernd. Im Dezember 2008 begann die Fed damit, systematisch die Anleihen des US-Finanzministeriums aufzukaufen. Im Zuge dieses Programms der ›quantitativen Lockerung‹ hat sie im Wert von 4,5 Billionen Dollar US-Staatsanleihen aufgekauft und damit die VR China als größte Gläubigerin des US-Finanzministeriums abgelöst.

Erst Anfang 2015 hat auch die EZB mit dem systematischen Aufkauf von Staatsanleihen begonnen, Ende 2018 damit (vorläufig) aufgehört und bis 2018 für etwa 2,6 Billionen Anleihen, vorwiegend der Eurostaaten, erworben. Die EZB begründete diese Politik, ganz wie vor ihr die US-Notenbank und die Bank von Japan, mit der Gefahr der Deflation, also der Möglichkeit eines auf breiter Front sinkenden Preisniveaus. Tatsächlich ist in einer von Monopolen dominierten Wirtschaft ein stabiles oder gar sinkendes Preisniveau ein akutes Krisenzeichen. Besonders problematisch an der Deflation ist es, dass der Wert des Geldes und damit der Wert der aufgenommenen Schulden im Laufe der Zeit, wie im Fall der Inflation nicht abnimmt, sondern noch steigt. Kapitalisten und Bürger zögern daher noch stärker, neue Kredite aufzunehmen, und bemühen sich, bestehende Schulden zurückzuzahlen.

Der systematische Aufkauf von Staatsanleihen durch die Notenbank wird von den Zentralbankern durchaus zu Recht als ›Quantitative Lockerung‹ bezeichnet. Sie setzt die übliche geldpolitische Lockerung durch Senkung der Leitzinsen, was bei Leitzinsen von praktisch null nicht mehr möglich ist, mit anderen, ›quantitativen‹ Mitteln fort. Anstatt darauf zu warten, dass die Geschäftsbanken das niedrige Einstandsniveau für Kredite bei der EZB nutzen und Geld schöpfen, indem sie ihrerseits Kredit gewähren, besorgt nun die EZB die Geldschöpfung selbst. Wenn sie z. B. einem Investmentfonds Staatsanleihen abkauft, erhält der Fonds neu geschaffenes Geld. Das schon überreichlich vorhandene fiktive Kapital wird noch reichlicher, die Preise für Vermögenswerte steigen. Es entsteht neuer (fiktiver) Reichtum, der sich auf die reicheren Schichten der Gesellschaft konzentriert. In Ländern wie Großbritannien und den USA, wo ziemlich breite Schichten der Gesellschaft über Wohneigentum verfügen, hat die Steigerung des (fiktiven) Reichtums positive Wirkungen auf die Gesamtnachfrage. Zusätzlich vermindert der Kauf von Staatsanleihen den finanziellen Druck auf die Staaten, ihre Budgets zu beschränken. Beides gibt der Konjunktur kleine Impulse, was die Krise etwas mildert.

Während in den USA, Japan und Großbritannien die quantitative Lockerung vom Finanzkapital (und damit der öffentlichen Meinung) akzeptiert wird, ist diese Politik vor allem in Deutschland auf massive Kritik gestoßen – interessanterweise vor allem von der rechten, marktradikalen Orthodoxie und – noch bemerkenswerter – aus den Kreisen der Zentralbanker selber, die Sitz und Stimme im obersten Entscheidungsgremium der EZB haben. Man interpretiert diese Kritik wohl richtig als Furcht davor, dass die deutschen Unternehmen ihre spezifischen Vorteile gegenüber den anderen Kapitalisten des Eurogebietes durch die Politik des massiven Staatsanleihekaufs gefährdet sehen. Erstens werden die Zinsdifferenzen entlang nationaler Grenzen eingeebnet. Zweitens wird das Tabu der Staatsfinanzierung durch die Notenbank umgangen. Es kommt hinzu, dass die deutsche Kapitalistenklasse als größter Kapitalexporteur und damit größter Gläubiger in Europa eher hohe Zinsen bevorzugt. Die von Allianz & Co. betriebene Dauerkampagne gegen die niedrigen Zinsen erklärt sich so.

In der Krise weitete sich der Handlungsspielraum der EZB als wirtschaftspolitische Instanz weiter aus. Der Grund dafür ist, dass einzelne Nationalstaaten des Eurogebietes ohne die Hilfe einer eigenen Notenbank nicht in der Lage waren, den Staatshaushalt und die Rettung der in ihrem Hoheitsgebiet angesiedelten Banken zu finanzieren. Sie brauchten Kredit von der Zentralbank. Die meisten kapitalistischen Staaten haben ziemlich restriktive Regeln dafür, wie weit Regierungen den Kredit ihrer Notenbank nutzen können. Die Beschränkung hat einen rationalen Kern. Wenn der Staatshaushalt sich allzu freizügig des Notenbankkredits bedient (zum Beispiel mit diesem Kredit keine investiven Ausgaben, sondern Rüstung finanziert) verlieren die Staatstitel, ebenso wie das Notenbankgeld am Finanzmarkt an Renommee. Die Zinsen steigen, und die Währung fällt. Große, mächtige Staaten und ihre Notenbanken können sich über diese Beschränkung hinwegsetzen. So bleibt der Dollar trotz enormer Geld- und Kreditvermehrung einigermaßen stabil, und die US-Staatsanleihen relativ niedrig verzinst.

In Ausnahmefällen greifen Regierungen auf die Finanzierung durch die Notenbank zurück. Nicht so in der Eurozone. Nicht nur ist das Staatsfinanzierungsverbot der Notenbanken vertraglich festgelegt. Es wird auch durch den Umstand gewährleistet, dass keine Regierung unmittelbaren Zugriff auf die EZB hat. Denn es müsste geklärt werden, welcher Staat zu welchen Konditionen von der EZB refinanziert wird. In der aktuellen Lage entscheidet der Zentralbankrat nach Gutdünken. Er nutzt seine Finanzierungsmacht aus, um bei den Staaten, die er alimentiert, eine ihm genehme Wirtschafts- und Strukturpolitik durchzusetzen. So geschehen im Sommer 2012, als die Regierungschefs von Italien und Spanien, Berlusconi und Zapatero, von der EZB Briefe erhielten mit detaillierten Anweisungen darüber, welche ›Reformen‹ sie einzuleiten und umzusetzen hatten. Das Drohmittel war das Ausbleiben von Stützungskäufen der Staatsanleihen der beiden Länder, was gleichbedeutend mit einem kräftigen Zinsanstieg gewesen wäre. Die EZB nutzt also ihre Stellung als Emittentin der Währung Euro dazu, über die Geldpolitik hinaus, Wirtschafts- und Sozialpolitik zu betreiben. Durch ihre Teilnahme an der »Troika« (einem adhoc installierten Regime, bestehend aus EU-Kommission, dem Internationalen Währungsfonds [IWF] und eben der EZB), die den Schuldnerländern des Eurogebietes detaillierte Regierungsanweisungen gibt, greift die Notenbank ganz offen in Politikbereiche außerhalb der Geldpolitik ein. Im Fall Griechenland hat der Souveränitätsverlust von Regierung und Parlament besonders krasse Formen angenommen.

Das Tabu der Staatsfinanzierung durch die Notenbank spielt generell eine zentrale Rolle im Verhältnis von Finanzkapital und Staat. Eigentlich ist es absurd, weil die Notenbank im Regelfall ein staatliches Institut ist (allerdings gehört in den USA die Fed den Banken und in der Schweiz sind an der Nationalbank private Aktionäre beteiligt). Der Zweck des Verbots ist es aber, den Staat vom Finanzkapital abhängig zu machen bzw. zu halten. Da der Staat eine ganze Menge Kredit in Anspruch nimmt, garantiert allein dieser Geschäftszweig einem Teil des Bankenkapitals die Existenz. In Euro-Europa hat das der EZB und den nationalen Notenbanken auferlegte Verbot, den Staatshaushalten und Kommunen Kredit zu gewähren, eine Binnenwirkung im einheitlichen Währungsraum. Durch das Staatsfinanzierungsverbot kann der Wettlauf der Staaten um die Gunst des Finanzkapitals aufrechterhalten werden. Die EZB gewährt den Banken zu gleichen Konditionen Kredit. Die Staaten müssen unterschiedliche Zinsen bieten, um sich zu refinanzieren. Das begünstigt die Starken und schwächt die Schwachen zusätzlich. Das erklärt, warum in der deutschen Öffentlichkeit das Tabu der Staatsfinanzierung besonders hoch gehalten wird. Zugleich nimmt sich die EZB das Recht, gegen das Tabu zu verstoßen. Das ist zwar rechtlich umstritten, jedoch mittlerweile Praxis. Die Zentralbank nutzt diese Praxis, um ihre Machtstellung noch auszuweiten.

Die Notenbanken haben einen wesentlichen Anteil der Schuld an den Bedingungen, die zur Finanzkrise führten. Unter den Staatsinstitutionen sind sie diejenigen, die sich mit Geld und Finanzen befassen. Sie sind explizit für die ›Stabilität‹ der von ihnen emittierten Währung verantwortlich. Sie sind in den meisten Ländern, zum Beispiel in Deutschland, direkt mit der Bankenaufsicht befasst. Sie sind mittlerweile in fast allen Ländern als von der Exekutive unabhängige Institutionen etabliert. Sie erheben genaue Daten über die Finanzverhältnisse in ihren jeweiligen Ländern. Sie waren bestens im Bilde über das außerordentliche Wachstum des Kredit- und Geldvolumens. Sie haben fast durchweg für die Deregulierung des Finanzsektors plädiert und die Politik in diesem Sinne beraten. Sie waren dabei durchweg das Sprachrohr des Privatkapitals. All das ist in der Öffentlichkeit bekannt. Und dennoch hat keine bürgerliche politische Partei die Forderung nach einer Disziplinierung der Notenbank und ihre Unterordnung und Verantwortung gegenüber dem demokratisch gewählten Parlament erhoben. Eine Voraussetzung, keineswegs hinreichende Bedingung dafür, um den Finanzmarkt kontrollieren zu können, bestünde darin, die Notenbanken der staatlichen demokratischen Willensbildung zu unterwerfen, d.h. ihre Unabhängigkeit zu beseitigen.

6.
Internationaler Finanzmarkt

Der Kapitalexport ist ein wesentliches Merkmal des von Monopolen bzw. vom Finanzkapital beherrschten Kapitalismus. In diesem Punkt sind sich Hilferding und Lenin vollkommen einig. Zu den grundlegenden Merkmalen des Imperialismus stellt Lenin fest: »3. der Kapitalexport, zum Unterschied vom Warenexport, gewinnt besondere Bedeutung« (Lenin, S. 95). Hilferding definiert Kapitalexport, dabei vermutlich bewusst stilistisch Marx imitierend, so: »Wir verstehen unter Kapitalexport die Ausfuhr von Wert, der bestimmt ist, im Ausland Mehrwert zu hecken« (Hilferding, S. 426). Hilferding führt weiter aus, dass eine Bedingung des Kapitalexports die »Verschiedenheit der Profitrate« sei, also »ein Mittel zur Ausgleichung der nationalen Profitraten«. Er setzt damit voraus, dass der Ausgleich der Profitraten zunächst und primär auf nationaler Ebene stattfindet. Der Kapitalexport ist somit das, was auf nationaler Ebene als nationaler Kapitalmarkt stattfindet: er ist ein Prozess des Ausgleichs der Profitraten. Kapitalexport erfolgt in zwei Formen: als zinstragendes Kapital (Leih- oder Bankkapital) oder als profittragendes Kapital.

Entsprechend, so Hilferding weiter, liegt die Profitrate im Kapital exportierenden Land niedriger als im Empfängerland. Denn Kapital fließt, wie Ökonomen jeglicher Couleur feststellen und wie die Erfahrung lehrt, immer dorthin, wo höhere Profite winken. Allerdings ist die Profitrate im Empfängerland nicht allgemein, sondern nur für das aus den kapitalistischen Metropolen kommende Kapital besonders hoch, insofern im Empfängerland überhaupt kapitalistische Verhältnisse herrschen. Für das einheimische, per definitionem nichtmonopolistische Kapital sind sie vielmehr besonders niedrig. Das hereinkommende Kapital genießt, wie Hilferding feststellt, Sonderkonditionen, nämlich niedrige Bodenpreise, niedrige Preise für Vorprodukte und Rohstoffe und hohe Verkaufspreise, wenn die produzierte Ware im Empfängerland selbst verkauft wird, »da hier die kapitalistisch erzeugten Waren in Konkurrenz mit handwerksmäßig erzeugten treten« (S. 428). Auch der im Empfängerland herrschende Zinssatz ist höher als der im Kapital exportierenden Land und lockt damit Leihkapital an. Denn Kapital in Geldform ist im weniger entwickelten Empfängerland weniger reichhaltig als im Herkunftsland des Kapitals. Kurz, in den Empfängerländern des Kapitalexports gibt es den klassischen Fall einer gespaltenen Profitrate, eine für die einheimischen nichtmonopolistischen Kapitalisten und eine für das hereindrängende und angelockte Monopolkapital.

Eine zweite Bedingung für den wachsenden Kapitalexport ist ein »ungeheurer ›Kapitalüberschuss‹ in den fortgeschrittenen Ländern«, so Lenin (S. 66). »Die Notwendigkeit der Kapitalausfuhr wird dadurch geschaffen, dass in einigen Ländern der Kapitalismus ›überreif‹ geworden ist und dem Kapital (unter der Voraussetzung der Unterentwickeltheit der Landwirtschaft und der Armut der Massen) ein Spielraum für ›rentable‹ Betätigung fehlt« (Lenin, S. 67). Wenn man von der in Klammern gesetzten Nebenbemerkung Lenins absieht (denn die Landwirtschaft ist mittlerweile weitgehend durchkapitalisiert und die Armut der Massen hat im Vergleich zu vor hundert Jahren abgenommen, obwohl sie aktuell wieder steigt), kann man konstatieren, dass der Kapitalüberschuss trotz hundert Jahren Kapitalexport nach wie vor besteht, ja dass dem Kapital in seiner Gesamtheit die Möglichkeiten für rentable Betätigung noch dringender fehlen. Der Kapitalüberschuss wird von den Kapitalisten selber beklagt. Die Banker und Anlageberater bejammern den »Anlagenotstand« und die wegen des massiven Angebots an Geld niedrigen Zinsen. Ben Bernanke, Vorsitzender der US-Notenbank zum Zeitpunkt des Ausbruchs der großen Finanzkrise 2007, konstatierte einen »globalen Überschuss der Ersparnis«, also an Kapital, das in Geldform darauf wartet, produktiv und »rentabel« angelegt zu werden. In Kapitel 4 wurde geschildert, dass das Resultat unter anderem ein dramatisch angewachsenes Finanzvermögen und ein entsprechend großer Finanzsektor ist. Da in dieser Finanzkrise die Entwertung der Finanzvermögen, alias Sparüberschüsse durch den Einsatz von sehr viel Geld aus den Staatshaushalten verhindert wurde, wächst dieser Kapitalüberschuss weiter. Die Notwendigkeit, Kapital zu exportieren, quält unsere Kapitalisten ebenso wie oder noch mehr als die vor hundert Jahren.

Eins allerdings hat sich stark verändert. Während vor hundert Jahren die fortgeschrittenen Länder Kapital exportierten, die weniger entwickelten, sprich die Kolonien, Halbkolonien und wenige anderen Staaten das Kapital importierten, läuft heute – und zwar schon seit geraumer Zeit – der Kapitalstrom in beide Richtungen. Ein wachsender Anteil des in die Kernländer zurückfließenden Geldes besteht aus Dividenden, Profiten und Zinsen. Das imperialistische Finanzsystem beruht darauf, dass die Profite aus den Empfängerländern des Kapitalexports an die Kapitalgeber, die Monopole und Rentiers aller Arten, zurückfließen. Die relative Stabilität des Imperialismus wird durch diese Extraprofite ermöglicht, aus denen Teilen der Lohnabhängigen höhere Einkommen, etwas bessere Arbeitsbedingungen und Sozialleistungen des Staates finanziert werden können. Der indische Marxist Prabhat Patnaik hat diesen von Lenin und Hilferding als »Bestechung der Arbeiterklasse« charakterisierten Finanzzusammenhang als für den Imperialismus der Jetztzeit notwendige Bedingung nachgewiesen (Patnaik, Accumulation and Stability under Capitalism, 1997).

Vor allem zwischen den kapitalistischen Kernländern findet heute der größte Teil des Kapitalaustauschs statt. Für Hilferding waren fortgeschrittener Kapitalismus und Kapitalimport noch die Ausnahme: »So sehen wir heute den stärksten Drang nach industriellem Kapitalexport bei den Ländern mit der organisatorisch fortgeschrittensten Industrie, bei Deutschland und den Vereinigten Staaten. Dies erklärt die eigentümliche Erscheinung, dass diese Staaten einerseits Kapital exportieren, andererseits das für die eigene Volkswirtschaft nötige Kapital zum Teil vom Ausland importieren. Sie exportieren vor allem industrielles Kapital und erweitern so die eigene Industrie, deren Betriebskapital sie zum Teil in Form von Leihkapital aus Ländern mit langsamerer industrieller Entwicklung, aber mit größerem akkumulierten Kapitalreichtum beziehen. Sie profitieren dabei nicht nur von der Differenz zwischen dem industriellen Profit, den sie auf den fremden Märkten machen, und dem viel niedrigeren Zins, den sie auf das geliehene Kapital in England oder Frankreich zu entrichten haben, sondern sie sichern sich durch diese Art des Kapitalexports zugleich die raschere Ausdehnung der eigenen Industrie. So exportieren die Vereinigten Staaten in größtem Maßstab industrielles Kapital nach Südamerika, während sie gleichzeitig Leihkapital aus England, Holland, Frankreich etc. importieren, in Form von Bonds und Obligationen zum Betrieb ihrer eigenen Industrie« (Hilferding, S. 442).

Hilferding gibt hier die zur Zeit vor dem Ersten Weltkrieg weit verbreitete und auch zutreffende Auffassung von zwei unterschiedlichen Gruppen kapitalistischer Länder wieder, von denen die USA und Deutschland weniger als andere von Parasitismus und Fäulnis infiziert sind. Sie sind noch nicht in den Zustand der Stagnation, des Finanzkapitalismus und der Kuponschneiderei gefallen wie Britannien und Frankreich. Diese, dank ihres Monopols »der Beherrschung besonders ausgedehnter, reicher oder günstig gelegener Kolonien«, mit ihrer ungeheuren »Anhäufung von Geldkapital« lassen eine »Schicht der Rentner, d. h. Personen, die vom ›Kuponschneiden‹ leben« entstehen und anwachsen, schreibt Lenin. »Die Kapitalausfuhr … drückt dem ganzen Land, das von der Ausbeutung der Arbeit einiger überseeischer Länder und Kolonien lebt, den Stempel des Parasitismus auf« (Lenin, S. 107).

Dieser Parasitismus, die Schicht der Rentiers, die von den Erträgen ihrer Kapitalanlagen lebt, ist heute ganz ungeheuer angeschwollen, weil die Kapitalausfuhr seit dem Zweiten Weltkrieg stark zugenommen hat. Wachstumsimpulse erfuhr die Kapitalausfuhr durchgehend von der Herausbildung der transnationalen Konzerne, die sowohl die Produktion als auch den Verkauf in den wichtigsten kapitalistischen Regionen organisierten und dementsprechend Direktinvestitionen entweder durch die Neuerrichtung von Fabriken oder durch den Aufkauf schon bestehender Unternehmen im Ausland tätigten. Dieser Trend hält unvermindert an. Die Liberalisierung des Handels zwischen den entwickelten Ländern wurde ab den 1970er Jahren durch die Deregulierung des Kapitalverkehrs ergänzt. Der Kapitalexport über den Kauf von ausländischen Aktien und Anleihen nahm seitdem kräftig zu. Die Zentralbank Australiens gibt in einer Studie (vgl. Tabelle auf der folgenden Seite) den Umfang des Kapitalexports in den 1980er Jahren mit 5,7 Prozent am Weltbruttosozialprodukt (WBSP) des jeweiligen Jahres an. Er ist nach diesen Angaben in den Jahren 2000 bis 2007, dem Höhepunkt vor der Finanzkrise, auf 13,3 Prozent am Weltbruttosozialprodukt gestiegen und hat sich danach (2008 bis 2012) mehr als halbiert.

Interessant an der Statistik ist die relativ stetige Entwicklung des Kapitalexports der Konzerne zum Aufbau weltweit tätiger Lieferketten. Er ist auch von der Finanzkrise kaum unterbrochen worden und macht heute den Löwenanteil des Kapitalexports aus. Die grenzüberschreitenden Portfolioinvestitionen, die die Finanzmärkte im engeren Sinn ausmachen, gehen nach

Grenzüberschreitender Kapitalverkehr
(in % des Weltbruttosozialprodukts)

	1980-89	1990-99	2000-07	2008-12
Direktinvestitionen	1,0	1,5	2,9	2,9
Portfolioinvestitionen*	1,2	2,3	4,2	1,4
Bankkredite	2,7	1,9	5,0	0,4
Aufbau von Notenbankreserven	0,8	0,5	1,2	1,5
Insgesamt	5,7	6,2	13,3	6,2

* in Aktien und Anleihen; Quelle: Reserve Bank of Australia

dieser Statistik im Gefolge der Finanzkrise zurück. Das dürfte vor allem mit der Euro-Staatsschuldenkrise zusammenhängen. In der ersten Phase der Eurowährungsunion bis 2007 wurden Kredite und Anleihen verschiedener Euroländer annähernd gleichwertig behandelt, danach aber nicht mehr. Der starke Anstieg der grenzüberschreitenden Bankkredite in den nuller Jahren dürfte auch auf das Engagement europäischer Banken bei den gebündelten Hypothekenramschpapieren aus den USA zurückzuführen gewesen sein.

Zum Schmiermittel für den internationalen Kapitalverkehr haben sich die Staatsschulden entwickelt. Staatsanleihen sind für das internationale Finanzkapital zur eigentlichen zinstragenden Währung geworden. In welchem Maße der Finanzmarkt sein überdimensioniertes Wachstum der Steigerung der Staatsschulden verdankt, zeigt die langfristige Entwicklung. Die akkumulierte Staatsschuld der sogenannten G7-Staaten (USA, Japan, Deutschland, Frankreich, Italien, Großbritannien und Kanada) ist laut OECD von 42 Prozent des jährlichen Bruttosozialprodukts im Jahr 1980 auf 70 Prozent 1994 und auf 82 Prozent zum Zeitpunkt des Ausbruchs der großen Finanzkrise 2007 gestiegen. Die Finanzkrise selber und die Übernahme der Schulden der Privaten durch den Staat ließen den Anteil am

BSP danach bis 2011 auf 118 Prozent springen. Die Bedeutung, die Kredit und Verschuldung für das Finanzkapital haben, wird daran noch einmal deutlich. Im vorigen Kapitel ist auch darauf hingewiesen worden, dass die Verschuldung privater Kapitalisten weniger leicht ausgeweitet werden kann als die von Staaten. Der internationale Finanzmarkt stützt sich deshalb in immer stärkerem Maße auf den Handel mit Staatsschulden. Die Anleihen von privaten Schuldnern, im Wesentlichen die von Banken und großen Konzernen, spielen dagegen eine nachgeordnete Rolle.

Die Staaten gelten in aller Regel als die besten Schuldner. Wenn sie unfähig oder unwillig sind, die Schulden pünktlich zu bedienen, ist das ein großes Ereignis an den Finanzmärkten. Der kleine Schuldenschnitt Griechenlands 2010 und der relativ kräftige Argentiniens 2001 waren solche Beispiele. Die Euro-Staatsschuldenkrise war an der Oberfläche ebenfalls die Angst vor einer möglichen Pleite eines oder mehrerer Eurostaaten.

Einschub: Über Staatspleiten

Wer Schulden macht, kann pleitegehen. Dieser Grundsatz des Kapitalismus, besser gesagt der Geldwirtschaft, gilt grundsätzlich und ohne Ausnahme. Er gilt deshalb auch für Staaten. Je länger die große Weltwirtschafts- und Finanzkrise andauert, desto mehr werden Regierungen Staatsschulden aufnehmen (müssen) und desto wahrscheinlicher werden Staatskonkurse oder Staatspleiten. Sie werden nachgerade unvermeidlich.

Doch besteht immerhin ein grundsätzlicher Unterschied zwischen der Pleite eines Unternehmens und der eines Staates. Ersteres verschwindet nach einer Pleite meist aus der realen Marktwirtschaft. Es ist an seinem Daseinszweck schließlich gescheitert, nämlich Gewinn für die Eigentümer anzuhäufen. Staaten gehen im Allgemeinen durch eine Pleite nicht zugrunde. Die von ihnen emittierte Währung verschwindet zuweilen, oft auch die Regierung, die Armee und/oder ein Teil der Rechtsordnung. Der Staat selbst bleibt dagegen meist bestehen, nicht selten sogar gestärkt. Was in der Pleite und nach der Pleite eines Staates geschieht, hängt von den Machtverhältnissen ab.

Es hängt auch von den Machtverhältnissen ab, ob und in welcher Form Staaten pleitegehen. Machtvolle Staaten gehen seltener pleite als machtlose. Wichtiger noch, auch die Form, die eine Staatspleite annimmt, hängt von den Machtverhältnissen ab. Die Pleite eines mächtigen Staates nimmt häufiger eine harmlos wirkende Form an, und es werden häufiger harmlose Worte für den Vorgang gefunden. Im Kern besteht die Pleite eines Staates darin, dass er alle oder Teile seiner Schulden nicht bezahlt. Es geht also nicht darum, dass er die Schulden nicht bezahlen kann. Es kommt darauf an, dass er es nicht tut. In diesem Sinne war es eine (milde Form der) Staatspleite, als die US-Regierung 1971 entschied, anders als nach internationalen Verträgen festgelegt, keine Unze Gold mehr für 35 Dollar zu bezahlen. Es handelte sich hier um die einseitige Aufkündigung einer zuvor eingegangenen Schuldverpflichtung. Man kann viel darüber streiten, wie lange die Regierung noch gutes Gold für schlechte Dollar hätte zahlen können. Es war aber der damaligen Regierung unter Richard Nixon klar, dass die riesige Schuld an weltweit umlaufenden Dollars keinesfalls mit dem Gold in Fort Knox beglichen werden könnte. Die Folge dieser Pleite war für die Weltwirtschaft erheblich, für die Welt außerhalb Amerikas mindestens genauso wie für die US-Bürger selber.

Es gibt also viele Formen der Staatspleite. Eine krasse Form war die große Inflation in Deutschland nach dem Ersten Weltkrieg mit anschließender Währungsreform. Sie machte alle in Reichsmark aufgenommenen Schulden, nicht nur die des Staates, wertlos, nahm den Kleinbürgern also ihre mühsam angesammelten Sparrücklagen und heizte damit den Hass auf die Republik an. Die in ausländischer Währung begebenen Schulden wurden dagegen umgeschuldet.

Die spektakulärste Staatspleite in jüngerer Zeit war diejenige Argentiniens 2001/02. Das Land hatte mit dem Segen

Washingtons und des IWF die eigene Währung an den Dollar gekettet. Das machte es einfach, Schulden aufzunehmen. Die Regierung und die Banken mussten für ihre Anleihen nur wenig mehr Zins bieten als der amerikanische Staat. Die Bindung des Peso an den Dollar hatte auch realwirtschaftliche Effekte: die Inflation ging zwar zurück, dennoch verlor die argentinische Industrie und Landwirtschaft an Wettbewerbsfähigkeit. Ausländische Waren drängten auf den argentinischen Markt, während argentinische in Nachbarländern wie Brasilien und Uruguay, deren Währungen gegenüber Dollar und Peso sanken, keine Absatzchancen hatten. Eine tiefe Wirtschaftskrise mit schnell steigender Arbeitslosigkeit folgte. Die Verschuldung des Staates gegenüber dem Ausland und Inland vervielfachte sich. Die Regierung stoppte zunächst den Schuldendienst im Inland, dann auch im Ausland.

Die danach folgende Krise war für die Argentinier noch härter. Von einem Tag auf den anderen stoppte der Import von Waren. Auch die Produktion brach weiter ein, weil die Unternehmen ohne Kredit keine Roh- und Zwischenprodukte mehr bezogen. Der Peso wurde drastisch abgewertet. Die alte Regierung wurde hinweggefegt. Die Gläubiger im Inland gingen leer aus. Ausländische Käufer argentinischer, in Dollar, D-Mark oder sogar im jungen, seit 1999 als Anlagewährung real existierenden Euro begebenen Anleihen, bekamen 2005 etwa 30 Prozent des Nominalwerts ihrer Titel ausbezahlt. Nach der extrem tiefen Wirtschaftskrise im ersten Halbjahr 2002 erholte sich Argentinien erstaunlich schnell – und zwar ganz ohne Kredit. Die abgewertete Währung machte die Warenproduktion im Inland wieder konkurrenzfähig. Anders ausgedrückt, die Reallöhne gingen dramatisch zurück. Als Ersatz für die Kapitalzufuhr erwiesen sich die kapitalflüchtigen, reichen Argentinier. Sie waren vor der Krise mit ihrem Geld ins Ausland ausgewichen und kehrten nun ins Land zurück, wo sie spottbillige Investitionsmöglichkeiten vorfanden.

Argentinien ist insofern ein Sonderfall, als das Land die Pleite tatsächlich bis zur Nichtbedienung der Schulden trieb. Viel häufiger, sozusagen der Regelfall sind Fast-Pleiten. Ein Staat droht zahlungsunfähig zu werden, weil er akut kein frisches Geld zur Bedienung alter Schulden auftreiben kann. Für diesen Fall ist der Internationale Währungsfonds (IWF) da. Er gewährt direkt einen Kleinkredit, verhandelt dazu mit der Regierung ein restriktives Sparprogramm. Als Folge erhält der Staat dann das nötige Geld vom internationalen Finanz- und Bankensystem. Die Krise und Pleite ist zunächst abgewendet. So etwa verfuhr der IWF mit den südostasiatischen Tigerstaaten in der Asienkrise, mit Brasilien und der Türkei um die Jahrtausendwende. Und oh Wunder, das Krisenprogramm wirkte in diesen Fällen. Im Umfeld einer gut laufenden Weltkonjunktur gelang es auch diesen Ländern, ähnlich wie Argentinien, die eigene Wirtschaft wieder auf einen Wachstumspfad zu bringen, obwohl die Altschulden nach wie vor bedient werden mussten.

aus: junge Welt, Staatspleiten in Serie, 2.2.2010

Ein Vorteil des internationalen Anleihenmarktes besteht für die Beobachter darin, dass die Konditionen, die bei Kreditverträgen vertraulich zwischen Schuldner und Gläubiger vereinbart werden, hier zwangsläufig öffentlich sind. Der Schuldner, ob Staat, Bank oder kapitalistisches Unternehmen, will seine Bonds, Anleihen, Obligationen oder Schuldscheine an die vermögende Öffentlichkeit verkaufen. Ist das geschehen, werden sie öffentlich gehandelt, sodass der aktuelle Wert dieser Schulden und damit das öffentliche Ansehen des Schuldners täglich oder auch minütlich abzulesen ist.

Das wichtigste Kriterium für Status oder die Qualität eines Schuldners – Banker und andere Gläubiger benutzen hier das Wort »Bonität« – ist seine Zahlungsfähigkeit. Die Grundregel der Geldgeber lautet dabei: Ist der Schuldner ein armer Schlucker, muss er hohe Zinsen zahlen, hat er schon Geld wie Heu, wird ihm Kredit zu Minizinsen angeboten. Das ist zwar ungerecht, gilt aber universell auf den nationalen wie den internationalen Kapitalmärkten. Die Grundregel gilt selbstverständlich auch für Staaten. Wir haben es hier mit dem Hauptprinzip der internationalen Finanzordnung zu tun. Die Frage, ob ein Schuldner zur Bedienung seiner Schulden in der Lage ist, ist keine Frage, die nur mit ja oder nein beantwortet wird. Vielmehr gilt das Prinzip der Wahrscheinlichkeit. Es ist eine Art Hackordnung, wie sie im Hühnerstall vorherrscht. Reiche und finanzkräftige Staaten zahlen geringe Zinsen. Arme Staaten, also die meisten Länder, die mit dem euphemistischen Ausdruck ›Entwicklungsländer‹ belegt werden, weil sie ihre kapitalistische Entwicklung noch vor sich haben, müssen hohe Zinsen zahlen, wenn sie überhaupt an Kredite kommen wollen. Dazwischen befinden sich die Schuldner geordnet nach der Wahrscheinlichkeit, mit der (in den Augen des international tätigen Geldkapitals) damit zu rechnen ist, dass ein Zahlungsausfall eintritt oder nicht. Die Höhe der Zinsen ist leider keine Angelegenheit, die nach Kreditvertragsabschluss und mit Zahlung der Zinsen und Rückzahlung des Kredits erledigt ist. Immer und überall sind Schuldner welcher Art auch immer darauf angewiesen, zur Ablösung der alten Schulden neue aufzunehmen. Ändert sich in der Wahrnehmung der internationalen Finanzkapitalisten die ›Bonität‹ des Schuldners, sinkt der Preis des Schuldpapiers von angenommen 100 Geldeinheiten auf beispielsweise 90. Wenn der vereinbarte Zins bei Emission 5 Prozent betragen hatte, bedeutet er nun für jeden Käufer, der das Schuldpapier jetzt zu 90 erwirbt, eine Rendite von 5 : 90 = 5,56 Prozent. Bleibt es am Finanzmarkt dabei, muss der Schuldner damit rechnen, für die nächste Emission einen Zinskupon von mindestens 5,5 Prozent bieten zu müssen. Das ist unter anderem damit gemeint, wenn Banker und neoliberale Politiker wie Hans Tietmeyer (siehe Einleitung) sich darüber freuen, dass die Finanzmärkte die Regierungen unter ihrer Fuchtel haben.

Ein Wort zu den viel gescholtenen Rating-Agenturen. Sie befassen sich mehr oder weniger professionell mit dieser Wahrscheinlichkeit und vergeben dementsprechend Noten, von AAA (Rückzahlung völlig sicher) bis D (Zahlungsausfall). Sie stützen ihre Aussagen und Noten über die Schuldner fast ausschließlich auf öffentlich zugängliche Informationen. Banken, Investmentfonds und andere potenziellen Gläubiger machen ihre Entscheidungen, ob sie eine Anleihe eines Emittenten einer Anleihe kaufen sollten, nur in geringem Maß von den Urteilen der Rating-Agenturen abhängig. Zuweilen bestehen Regeln bei den Fonds, sich bei Anlagen nur auf mindestens mit BB+ versehene Bonds zu beschränken. Aber das reicht nicht, um Markttrends zu initiieren. Die Spekulationswelle gegen die Schuldpapiere des griechischen Staates und die anderer Euroländer fand nicht auf Initiative irgendeiner Rating-Agentur statt, ebenso wenig wie andere Trends am Markt. Die Urteile der Rating-Agenturen folgen fast immer den Urteilen der großen Geldkapitalisten und Spekulanten, d. h. dem Markttrend.

Die Angelegenheit wird noch dadurch komplizierter, dass Kredite in verschiedenen Währungen vergeben und Anleihen emittiert werden. Sind Währungen wie zu Zeiten der Gültigkeit der Verträge von Bretton Woods bis 1973 im gegenseitigen Tauschverhältnis fixiert, entsteht kein Problem. Schwanken die Wechselkurse, kommt das Risiko eines Währungsverlustes oder die Chance auf einen zusätzlichen Währungsgewinn hinzu. Die Freigabe der Wechselkurse 1973 hatte ein Aufblühen des Devisenhandels zur Folge. Nicht nur Exporteure und Importeure wollten sich gegen Währungsverluste absichern, auch das Finanzkapital selbst nahm die Dienste in Anspruch. Investitionen im Ausland mussten gegen einen Anstieg der Zielwährung vor Bezahlung, Gewinne von Tochterunternehmen im Ausland gegen einen Wertverlust der dort geltenden Währung abgesichert werden. Gleiches gilt für Finanztransaktionen. Wer Aktien, Anleihen, Immobilien, Firmenbeteiligungen etc.

im Ausland erwirbt, sollte Vorsorge gegen die Eventualität des Währungsverlustes betreiben. Werten Währungen auf mittlere Sicht gegenüber anderen meist ab, verlangen die Kapitalisten, die in den entsprechenden Ländern investieren, egal ob in Bankaktien, eine Schuhfabrik oder Staatsanleihen, einen Risikoabschlag beim Preis der Schuhfabrik und der Aktien bzw. einen Aufschlag bei der Verzinsung. Höhere Zinsen sind auch deshalb eine Dauererscheinung von Währungen, die zur Abwertung neigen. Die im internationalen Vergleich höheren Zinsen sind als höhere Kosten für die Kapitalisten eines solchen Landes auch gut zu ertragen, weil zugleich meist mit einer höheren Inflationsrate gerechnet wird. Zinsen und Rückzahlung entwerten sich entsprechend. Dennoch kann man sagen, dass die Hackordnung des Kapitalverkehrs die ohnehin schwachen Länder in doppelter Weise benachteiligt. Sie müssen wegen des Ausfallrisikos und wegen des Abwertungsrisikos höhere Renditen für das Geldkapital bieten.

An der Spitze der Rangordnung stehen der Dollar und der größte Schuldner der Welt, der US-amerikanische Staat mit etwa 20,5 Billionen Dollar umlaufender Schulden. Es folgt der Yen mit dem Großschuldner japanischer Staat mit umgerechnet etwa 10 Billionen Dollar und China mit dem Renminbi, das die Verschuldung zuletzt stark erhöht hat, mit etwa 6 Billionen Dollar. Erst danach kommen die in Euro größten Staatsschuldner mit der Bundesrepublik Deutschland (knapp unter 2 Billionen Dollar), sowie Frankreich, Italien (mit jeweils etwas mehr als 2 Billionen Dollar) – und den übrigen Euroländern, was in der Summe etwa 10 Billionen Dollar ausmacht. Insgesamt wird das Volumen handelbarer staatlicher Schuldtitel 2020 weltweit auf etwa 87 Billionen Dollar geschätzt. (Angaben von BIZ und ICMA)

Die staatlichen Schuldner sind auf den Finanzmärkten gegenüber ihren Gläubigern in derselben Lage wie der Kapitalist gegenüber der Bank. Zahlungsausfälle sind auch international die Ausnahme. Sie häufen sich natürlich in Krisenzeiten.

Die Schuldenkrise der 1980er Jahre, als vor allem lateinamerikanische Länder zahlungsunfähig wurden, war von der rüden Zinsanhebung der USA im Übergang zur neoliberalen Politik ausgelöst worden. Der Internationale Währungsfonds (IWF), der 1944 gegründet wurde, dient dem Zweck, die Zahlungen der staatlichen Schuldner an die Gläubiger, sprich das internationale Finanzkapital sicherzustellen. Der IWF verhandelt mit den Schuldnerregierungen im Krisenfall ein »Sanierungsprogramm«, das in der Regel die massive Abwertung der Währung, damit verbunden eine Lohnsenkung auf breiter Front und drastische Schnitte im Sozialsystem vorsieht. Als Gegenleistung erhält das Land einen Kredit, der nicht ganz so hoch verzinst ist, wie es das Finanzkapital ansonsten für einen Pleitekandidaten vorsieht. Kanonenboote zu schicken, ist heute relativ selten geworden. Es gibt genug nichtmilitärische Mittel, um unwillige Schuldner in die Knie zu zwingen.

Begriffsklärung 4: Imperialismus

Imperialismus ist von den hier diskutierten Begriffen der schwierigste, aber auch der am wenigsten entbehrliche. Lenin schreibt: »Würde eine möglichst kurze Definition des Imperialismus verlangt, so müsste man sagen, dass der Imperialismus das monopolistische Stadium des Kapitalismus ist« (Lenin, S. 95). Wenn man wie Lenin und nicht wenige andere Autoren dieses Stadium des Kapitalismus im letzten Viertel des 19. Jahrhunderts von den fortgeschrittensten kapitalistischen Gesellschaften erreicht sieht, ist dieses Stadium gleichbedeutend mit einer geschichtlichen Periode. Sie beginnt gegen Ende des 19. Jahrhunderts und endet, wie Lenin annahm, mit der Überwindung des Kapitalismus und dem Entstehen der neuen Produktionsweise des Sozialismus/Kommunismus. Dass der erste Anlauf eines solchen Übergangs schließlich gescheitert ist und dessen Ansätze zu einer neuen Produktionsweise rückabgewickelt wurden, ist für Sozialisten höchst ärgerlich, aber kein Grund, den Begriff des Imperialismus als letztes oder auch höchstes Stadium des Kapitalismus fallen zu lassen. Der Imperialismus hat sich nur leider nicht als kurzes Endstadium des Kapitalismus erwiesen, sondern als eine durchaus dauerhafte Ausformung. Ihre Eigenschaften sind – ebenfalls bedauerlicherweise – in den Grundzügen so, wie Lenin und Hilferding sie beschrieben haben. Ein Zweck dieses Buches ist es, die in die Jetztzeit reichenden ökonomischen Grundzüge nachzuzeichnen.

Das Problem des Imperialismusbegriffs liegt anderswo. Lenin schreibt, politisch sei »Imperialismus überhaupt Drang nach Gewalt und Reaktion« (S. 97). Das klingt so, als sei Lenin zufolge die Machtausübung des Finanzkapitals/der Monopole im Innern eines Staates die eine Seite, deren andere eine besonders aggressive Außenpolitik dieser Staaten ist. Die Außenpolitik der vom Kapital der freien Konkurrenz bestimmten Staaten früherer Perioden wäre demnach weniger aggressiv, weniger aus auf die Unterwerfung von Überseegebieten als Kolonien und weniger kriegstreiberisch gewesen. Hilferding kann zum Beispiel so interpretiert werden, wenn er die Aggressivität des Leih- und Handelskapitals früherer Zeiten vergleicht mit dem »Drang nach Frieden und Ruhe, die das industrielle Kapital beseelte« (Hilferding, S. 461). Wenn man den Imperialismus erst mit dem Stadium der Herrschaft der Monopole beginnen lässt, bietet sich die Schlussfolgerung daraus geradezu an, frühere Perioden und frühere Regime vom Drang nach Gewalt, Reaktion und Expansion freizusprechen. Das wäre im Angesicht der Geschichte eine sonderbare Schlussfolgerung. Denn der Periode der »endgültigen Aufteilung der Erde« (Lenin, S. 82) geht schließlich eine lange Geschichte des Erwerbs von Kolonien durch die europäischen Staaten voraus. Der Kampf um die Neuaufteilung der Welt beginnt nicht erst 1870. Vielmehr geht es beispielsweise im Siebenjährigen Krieg (1756 bis 1763) zwischen Frankreich und Britannien um die Vorherrschaft über die wertvollsten Kolonialgebiete, Indien und Nordamerika. Der Kampf um letzteres setzte sich schließlich im Unabhängigkeitskrieg der nordamerikanischen Kolonien (1775-1783) fort. Die Monroe-Doktrin (1823) formuliert den Anspruch des von Kapitalisten beherrschten neuen Staates USA auf die Vorherrschaft in beiden amerikanischen Halbkontinenten, und der Raubkrieg gegen Mexiko (1846-1848) unterstreicht erfolgreich diesen Anspruch. Die Napoleonischen Kriege werden mit Frankreich und England als Hauptkontrahenten von Staaten geführt, in denen das Kapital bereits die Vorherrschaft errungen hat. Schließlich entsteht mit dem deutschen Kaiserreich einer der imperialistischen Staaten im Interesse der noch nicht monopolistisch dominierten Bourgeoisie mittels dreier Kriege. Es spricht also wenig dafür, Staaten, die vom Kapital der freien Konkurrenz beherrscht werden, vom Vorwurf des Imperialismus freizusprechen.

»Kolonialpolitik und Imperialismus hat es auch vor dem jüngsten Stadium des Kapitalismus und sogar vor dem Kapitalismus gegeben«, schreibt Lenin (S. 88). Er macht damit unmissverständlich klar, dass er das Wort Imperialismus auf zweierlei Weise gebraucht. Erstens im Sinne seiner oben angeführten Kurzdefinition, wonach Imperialismus der Kapitalismus in seinem monopolistischen Stadium ist, und zweitens wie in diesem letzten Zitat in der gebräuchlichen Bedeutung, wonach Imperialismus das imperiale Verhalten von Staaten, Nationen oder präziser von herrschenden Klassen ist. Die zweite Bedeutung machen sich Deppe, Salomon und Solty im Wesentlichen zu eigen, wenn sie schreiben, »dass Imperialismus im vorliegenden Band als eine spezifische, mit der Akkumulationsdynamik des Kapitalismus verwobene Gewaltpolitik verstanden werden soll« (Deppe et al., S. 26). Und an anderer Stelle heißt es: »Wenn wir im folgenden Text von Imperialismus sprechen, dann meinen wir die offene oder latente Gewaltpolitik zur externen Absicherung eines internen Regimes« (ebd., S. 21). In der ersten der beiden definitorischen Bestimmungen wird mit dem Einschub »mit der Akkumulationsdynamik des Kapitalismus verwoben« an die seit Lenin klassische Imperialismusbestimmung erinnert. Die Autoren machen aber im Weiteren deutlich, dass sie diese insbesondere als Epochenbegriff für überholt halten. Begriffe wie Fordismus und Finanzmarktkapitalismus hätten den Imperialismusbegriff als Epochenbegriff abgelöst. Es sei nötig, den Imperialismus als Phänomen selbst zu periodisieren. Das scheint mir eine ausgesprochen defensive Lösung des Problems, denn sie bedeutet den Verzicht auf die Charakterisierung unserer Epoche als einer des Kapitalismus, und zwar im fortgeschrittenen Stadium. Ich empfehle, die Doppeldeutigkeit des Begriffs in Kauf zu nehmen und sich ihrer in der politischen Diskussion bewusst zu sein.

Zumal noch auf eine weitere unterschiedliche Verwendung des Begriffs Imperialismus verwiesen werden sollte. Es handelt sich um den Gebrauch des Wortes Imperialismus, wenn spezifisch ein bestimmter Akteur auf der historischen Bühne, also zum Beispiel der »US-Imperialismus« oder die Gesamtheit der imperialistischen Staaten unter Führung der Hauptmacht gemeint sind. Außerdem ist von imperialistischen Einzelstaaten die Rede. Es ist ganz offensichtlich, dass es eine bunte Vielfalt imperialistischer Staaten gibt: große und kleine, aggressive und weniger aggressive, dominante, hegemoniale sowie Vasallenstaaten, oder auch solche imperialistische Staaten, die im Windschatten der Weltgeschichte ganz gut überleben, wie jahrzehntelang zum Beispiel Schweden. Nichtimperialistische Staaten sind dagegen in diesen Zeiten nur wenige sozialistisch geprägte Staaten und andererseits eine Vielfalt von Ländern, deren Ökonomie von ausländischem Finanzkapital beherrscht und von imperialistischen Staaten weitgehend gelenkt wird.

Um das Verhältnis imperialistischer Länder zueinander zu beschreiben, hat die Kommunistische Partei Griechenlands (KKE) den Begriff der »imperialistischen Pyramide« vorgeschlagen (vgl. Hans Christoph Stoodt in Unsere Zeit vom 9.9.2016). Es kommt der KKE bei dieser Benennung darauf an, Griechenland als ein von Monopolen, von griechischen Monopolen beherrschtes Land zu charakterisieren, das nicht nur von den USA und Deutschland herumgeschubst und (extra) ausgebeutet wird, sondern dessen Monopolbourgeoisie eigenständige imperialistische Politik betreibt und ihrerseits imperialistische Interessen verfolgt. Der Begriff Pyramide besagt, dass wir es nicht nur mit zwei Sorten von Staaten zu tun haben – also solchen, die die anderen unterjochen, und auf der anderen Seite solchen, die von anderen unterjocht werden, sondern mit einer Pyramidenstruktur, die unten breit und oben schmal ist und in der Mitte Nationen (wie Griechenland) enthält, die beides tun: unterjocht werden und unterjochen.

Es gibt im Gegensatz zu dieser sinnvollen Unterscheidung die These von der Existenz weit entwickelter kapitalistischer, aber zugleich nichtimperialistischer Länder. Als eine solche Ausnahmeerscheinung wird von manchen das heutige Russland angeführt. Anlass für eine solche Betrachtung der Dinge ist die Tatsache, dass Russland von den westlichen imperialistischen Staaten in vielerlei Weise attackiert wird und sich etwa seit 2011 um eine Politik der gemeinsamen Gegenwehr der vom Imperialismus der westlichen Staaten bedrängten Staaten bemüht. Man ist sogar geneigt, eine solche Politik als »antiimperialistisch« zu bezeichnen. Das aber macht den entsprechenden Staat noch nicht zu einem Land, das in seiner ökonomischen Struktur nichtimperialistisch bzw. nichtmonopolistisch ist. Richtig ist vielmehr, dass sich in der immer noch aktuellen Phase des Kapitalismus, dem Imperialismus, kein Land und keine Region sich aus diesem Stadium verabschieden kann, ohne den Kapitalismus selbst – etwa in Richtung Sozialismus – zu verlassen.

EU und Euro als Projekte des Finanzkapitals

Die EU (oder ausgeschrieben Europäische Union) ist ökonomisch leicht zu verstehen. Sie ist gleichbedeutend mit der institutionellen Sicherung eines im Innern komplett hindernisfreien

Marktes. Die Währungsunion zum Euro stellt dabei den letzten Schritt dar. Politisch ist die EU ein zweideutiges Produkt, das einerseits vom Zentrum des Imperialismus, von den USA, als Juniorpartner gefördert wurde, andererseits sich nur in der Rivalität zu den USA wirklich entwickeln kann.

Die EU ist ökonomisch und politisch eine Fehlkonstruktion. Das heißt, sie kann so, wie sie gebaut ist, nicht auf Dauer überleben. Ökonomisch bedürfte die Schaffung eines komplett freien Marktes und eines deregulierten Kapitalmarktes im Rahmen einer Währungsunion einer Einhegung durch einen gemeinsamen Staat, mindestens aber eines gemeinsamen Steuersystems. Stattdessen wurde ein neoliberales Gebilde geschaffen, in dem die darin existierenden Nationalstaaten in einen Wettbewerb gegeneinander um die Gunst des Finanzkapitals gezwungen wurden. Das ist fast das Gegenteil vom ordoliberalen Credo, in dem die Kapitalisten gegeneinander in den Wettbewerb um die Gunst des Publikums – der Konsumenten – treten. Die Krise der EU und besonders der Eurozone wurde damit programmiert, weil Kapital frei in diejenigen Länder strömt, die hohe Profitmöglichkeiten bieten und – in der Krise – den sichersten Platz vor Totalverlust. Das Gesetz der freien Konkurrenz (die Starken werden stärker, die Schwachen schwächer und scheiden am Ende aus) setzt sich so ungehemmt von Zoll-, Regulierungs- und Währungsgrenzen durch.

Der freie Kapitalverkehr ist das wahre Grundgesetz der Europäischen Union. Die Freiheit, Kapital nicht nur einzusetzen, durch den Einsatz von Arbeitskraft zu vermehren und zu akkumulieren, sondern es auch beliebig zu transferieren, es auf die Reise in gewinnträchtige Regionen der Welt zu schicken, es nach Belieben unbotmäßigen oder auch nur steuerlich ungünstigen Regionen zu entziehen und es auf die Flucht vor Abwesenheit von Profit zu schicken: Dieses hehre Freiheitsprinzip steht – neben der Freiheit des Waren- und Personenverkehrs – als wichtigstes Grundrecht in der Charta der EU, dem unter großer

Mühe den Völkern Europas abgerungenen und im Dezember 2007 verabschiedeten Lissabon-Vertrag. Die EU ist das einzige einem Staate ähnliche Gebilde, in dem die Kapitalverkehrsfreiheit einen rechtlich so hohen Status genießt.

Die EU ist ihrem Wesen nach ein Freihandelsbündnis. Sie existiert, um die Interessen der größten Monopole innerhalb und außerhalb dieses Bündnisses mittels freien Warenhandels und freien Kapitalverkehrs besser durchzusetzen. Das Finanz- und Monopolkapital verschiedener Länder Europas braucht einen mächtigeren staatsmonopolistischen Apparat, als ihn die Einzelstaaten bieten können. Da keine nationale finanzkapitalistische Gruppe in der Lage ist, die Vorherrschaft in diesem Staatswesen zu übernehmen, bleibt es bei Einzelschritten, die nur in Richtung eines imperialistischen Bundesstaates gehen. Dieser imperialistische Apparat verfügt über eine riesige Bürokratie, über einen beachtlichen Justiz- und Diplomatenapparat und über eine eigene Währung, die allerdings nicht in allen Mitgliedsländern gilt. Aber Militär und Polizei, die größten Teile der Verwaltung sowie die Entscheidungen über fast alle Steuereinnahmen und staatlichen Ausgaben unterstehen den Einzelstaaten. Die EU hat keine wirklich handlungsfähige Exekutive.

Politisch entspricht dem die Herrschaftskonstruktion der EU, wo die Regierungen der Nationalstaaten als Europäischer Rat die höchste Instanz sind. Die EU-Kommission, der EU-Gerichtshof und seit 1999 die Europäische Zentralbank sind die übergreifenden Institutionen, in denen sich die Interessen der Spitzen der Einzelstaaten und der Lobby des Monopolkapitals Hintergrundgefechte über ihre jeweilige Interessenpolitik liefern. Das EU-Parlament, die einzige vom Volk gewählte Institution in der EU, hat deutlich weniger Rechte als die Parlamente in kapitalistischen Staaten. In der Krise haben die stärksten Staaten der EU, insbesondere Deutschland, die Institutionen fast nach Belieben umgestaltet und fortentwickelt, um die schwächeren der Peripherie zu knebeln und ihre Schulden gegenüber dem Finanzkapital einzutreiben. Die im Lissabon-Vertrag festgeschriebene Aggressivität der EU nach außen richtet sich nicht etwa gegen die USA, sondern gegen Regionen, Länder und Staaten, die sich dem Diktat der USA widersetzen oder sogar nur entziehen wollen.

Die Finanzkrise von 2007 und die darauf folgende, bis heute dauernde, weltweite Wirtschaftskrise haben das System des Neoliberalismus und damit das der EU in den Grundfesten erschüttert. Wenn man den Euro als Tauschgeschäft zwischen den Kapitalisten des Nordens in Europa (Deutschland, Benelux, Österreich, Finnland) und denen des Südens (vor allem Italien, Spanien, Portugal, Griechenland – Frankreich steht etwa in der Mitte der beiden Parteien) begreift, wonach erstere einen hindernisfreien Absatz- und Binnenmarkt erhalten, letztere aber eine Weltwährung mit vorzüglichen Kreditkonditionen, so hat dieser Deal zehn Jahre lang vorzüglich geklappt. 2010 ist er in der Euro-Staatsschuldenkrise mit lautem Getöse geplatzt.

Die Südländer sind seit 2010 mit dem Euro schlechter dran als zuvor. Sie haben keine Möglichkeit mehr, ihre heimischen Märkte gegen die überlegene Konkurrenz aus dem Norden (besonders Deutschlands) mit Abwertung abzuschotten. Weil Deutschland die Regeln des Finanzmarktes auch im Binnenschuldenverhältnis zwischen den Euroländern im Vertrag von Maastricht 1992 eingebaut hatte, war die Zeit der niedrigen Zinsen schlagartig vorbei. Im Gegenteil: besonders Griechenland, aber auch die anderen Südländer waren mit massiver Kapitalflucht konfrontiert.

Für die Kapitalisten der Euro-Südländer ist die Lage im Euro schlimmer, als sie außerhalb wäre. Man vergleiche die Situation Islands oder auch der Türkei. Beide Länder sind nicht gut dran. Sie sind aber in der Lage, eigene Maßnahmen gegen die Herrschaft des ausländischen Finanzkapitals zu unternehmen. Die Frage ist eigentlich, warum die Monopolbourgeoisien Portugals, Spaniens, Italiens und Griechenlands nicht die Konsequenzen ziehen und – ähnlich wie die Briten – aus dem Euro und der EU austreten. Es ist ja verblüffend, dass die politischen Parteien dieser Länder (einschließlich der Oppositionsparteien) in der übergroßen Mehrheit immer noch auf Pro-EU-Kurs verharren. Das betrifft in Griechenland Syriza, in Spanien Podemos und sogar die Fünf-Sterne-Bewegung, die Italien vielleicht aus dem Euro, aber nicht aus der EU führen will. Es gibt wohl zwei Gründe für diese Haltung. Zum einen ist die Monopolbourgeoisie dieser Länder sehr stark in die Strategien der US- und anderen EU-Monopole eingebunden. Das trifft auch auf die politischen Führungszirkel zu. Wie in Deutschland sind sie eng mit den USA und untereinander vernetzt. Der zweite Grund besteht in der realistischen Erwartung, dass ein Konfliktkurs mit der großen Konkurrenz mit hohen Risiken verbunden wäre. Die Einführung einer eigenen Währung würde einen radikalen Bruch der bisherigen Wirtschaftspolitik bedeuten. Die Grenzen müssten für Kapital, Waren und Personen streng kontrolliert werden. Überstehen dürfte eine Regierung, die dergleichen durchzieht, nicht lange. Denn ein Austritt oder ein konfliktreicher Rausschmiss aus dem Euro würden das betroffene Land in eine noch schwerere Wirtschaftskrise stürzen, als die Bevölkerung der Länder sie bisher durchgemacht hat.

Am Freihandel stört nicht, dass er die internationale Vergesellschaftung der Arbeit fördert. Im Gegenteil, das ist die potenziell fortschrittliche Seite der Angelegenheit. Negativ ist aber die im Verhältnis der Nationen zueinander im Rahmen des Kapitalismus regelmäßig aus dem Freihandel entstehende Tendenz, die starken Kapitalisten zu Lasten der schwächeren zu fördern. Abkommen, die den Freihandel absichern, haben meist diesen Effekt. Abkommen, die nicht die Folge haben, die Starken auf Kosten der Schwachen zu bevorteilen, sind unter besonderen Umständen auch unter kapitalistischen Staaten möglich. Wären sie Allgemeingut, könnte man von einer mehr oder weniger gerechten Weltwirtschaftsordnung sprechen. Sie setzt souveräne

Staaten voraus. Die Forderung nach einer gerecht(er)en Weltwirtschaftsordnung diesseits des weltweiten Sozialismus ist unterstützenswert, obwohl sie heute viel weiter von einer Verwirklichung entfernt ist als vor fünfzig Jahren.

Kampf um die Vorherrschaft

Die Finanzkrise von 2007 und die seit damals immer noch fortdauernde Weltwirtschaftskrise hatten die US-Wirtschaft als Ausgangspunkt. Dort hatte sich dank niedriger Zinsen und laxer Bankaufsicht eine riesige Blase aus steigenden Immobilienpreisen und einer gigantisch wachsenden Hypothekenkreditvergabe gebildet. Als diese Blase 2007 platzte und die Kredite massenhaft nicht mehr bedient werden konnten, gerieten die Banken weltweit in Schwierigkeiten. Sie hatten ins Finanzsystem der USA über Jahre lang überschüssiges, nach Anlage suchendes Geld gesteckt. In den volkswirtschaftlichen Statistiken schlug sich das unter anderem in einem riesigen Leistungsbilanzdefizit der USA nieder, das fast eine Billion Dollar pro Jahr oder sechs Prozent des Bruttosozialprodukts des großen Landes ausmachte. Dieses Defizit ist der statistische Ausdruck dafür, dass die übrige Welt den Teil des Konsums der US-Bürger finanzierte, den sie nicht selber produzierten. Der Importsog in die USA hielt bis zum Ausbruch der Krise die Weltwirtschaft am Laufen. Die USA stellten und stellen immer noch die große Nabe des Riesenrades dar, als das man sich das Weltfinanzsystem vorstellen kann.

Dramatisch geändert hat sich in der Krise die relative Position der Schwellenländer im Weltkapitalismus, also derjenigen Länder, die einen Prozess der nachholenden kapitalistischen Entwicklung durchmachen. Die Aufholjagd vieler und großer Entwicklungsländer bis an die Schwelle des entwickelten Kapitalismus wurde durch die sonderbar paradoxe Struktur des neoliberalen globalen Wirtschaftssystems begünstigt. Die Paradoxie besteht darin, dass das reichste, das militärisch und ökonomisch dominante Land der Erde zugleich das Land war und ist, das sich am meisten verschuldet.

Der Dollar ist seit Ende des Ersten Weltkriegs die führende Währung der Welt. Nach dem Zweiten Weltkrieg wurde diese Führung sogar in offiziellen Verträgen zwischen den Staaten als Abkommen von Bretton Woods festgelegt. Die Kündigung dieser Verträge durch die USA 1971 und 1973 hat der Vorherrschaft des Dollars keinen Abbruch getan. Die Vorteile, über eine Weltwährung zu verfügen, sind beachtlich. Der geringste davon ist die sogenannte Seigniorage, also das Einkommen, das die emittierende Zentralbank einer Währung durch die Ausgabe neuer Banknoten bezieht, für die praktisch keine Kosten entstehen. Der zweite Vorteil besteht in dem geringen Risiko für die Händler und Kapitalisten in den USA, weil nicht nur die Ein- und Ausfuhr, sondern auch andere Waren in der Welt in Dollar abgerechnet werden. Dass Rohstoffe wie Erdöl in der Regel in Dollar gehandelt werden, erzeugt zusätzlich Nachfrage nach Dollar als Zahlungsmittel. Der dritte und weitaus wichtigste Vorteil besteht darin, dass Schuldner in den USA, was ihre Währung betrifft, als allererste Klasse gelten.

Keinem anderen Land der Welt wird so bereitwillig Kredit gewährt wie gerade den USA.

Die USA sind nicht nur Ursprungsland des größten Kapitalexportstromes, sondern auch größtes Zielland des Kapitalimports aus allen Ländern, Metropolenländern, Schwellenländern und selbstverständlich auch bettelarmen unterentwickelten Ländern. Das in die USA drängende Kapital ist nicht nur Rückfluss aus zuvor in aller Welt getätigten Investitionen in Form ausgeschütteter Gewinne und Zinsen, sondern es stellt auch Anlage suchendes Finanzkapital aus anderen Regionen der Welt, also deren Kapitalexport dar. Die Finanzierung der Subprime- und auch sonstigen Hypotheken aus dem lange boomenden Immobilienmarkt der USA, die in der Finanzkrise 2007 zusammenbrach, ist nur ein – allerdings drastisches – Beispiel für diese Dummheit. Ein anderes ist der eifrige Erwerb von Tochtergesellschaften in den USA durch die in Deutschland privatisierten Unternehmen wie die Deutsche Post und die Deutsche Telekom. Ein drittes, weit spektakuläreres, wenn auch nicht mit Dummheit, sondern rationalem Kalkül verbundenes ist der Erwerb von US-Staatsanleihen durch die Zentralbank Chinas, der sie einige Jahre lang zum weitaus größten Gläubiger des US-Staates werden ließ.

Die USA sind das am höchsten verschuldete Land der Erde. Auch die laufende Verschuldung ist höher als irgendwo sonst. Zugleich sind die USA der Chef-Financier der übrigen Welt. Sie sind größter Kapitalimporteur und größter Kapitalexporteur. US-Finanzkapital handelt – erfolgreich – wie eine Bank. Es leiht sich billig Geld und gibt teuer Kredit. Dazwischen geklemmt ist noch eine Volkswirtschaft, in der auf traditionelle Art Arbeitskraft ausgebeutet und Waren hergestellt und verzehrt werden. Man sollte diese Volkswirtschaft nicht gering schätzen. Noch ist sie die größte der Welt. Sie weist seit Jahrzehnten ein großes Leistungsbilanzdefizit auf, das auf die Schwäche der Industrie des Landes hinweist, was wiederum mit der Fähigkeit des dortigen Finanzkapitals zu tun hat, anderswo hohe Profitraten zu erzielen.

Auch andere Länder funktionieren nach diesem Modell, beispielsweise Britannien oder die Schweiz. Sie gleichen mehr oder weniger erfolgreich durch Bankgeschäfte die Schwäche des industriellen Sektors aus. Wieder andere Länder sind eher die Werkbank. Man denkt dabei gern an Ostdeutschland, andere früher sozialistische Länder und mittlerweile viele Länder Asiens. Sie werden in starkem Maße von ausländischem Finanzkapital dominiert. Deutschland (West) und Japan wiederum sind von anderer Art. Japan wies und Deutschland weist auch heute noch einen riesigen Warenexportüberschuss auf. Das erhöht den Druck, Kapital zu exportieren. Schon deshalb ist Deutschland eines der größten Kapital exportierenden Länder.

Gemeinsam ist der Strategie des Finanzkapitals aller Länder, dass es nach dem oben skizzierten Modell der USA in Konkurrenz zueinander arbeitet. Es ist bestrebt, niedrig verzinstes Kapital einzuwerben und gleichzeitig möglichst hochrentierliche Anlagen in aller Welt zu streuen. Die Position in der Hackordnung bestimmt die Höhe der Zins- oder Profitratendifferenz. Eindeutig befinden sich die USA an der Spitze. Sie haben diese Position nach der Finanzkrise sogar noch ausgebaut. Interessante Details dazu beschreibt Werner Rügemer in »Die Kapitalisten des 21. Jahrhunderts« (2018).

Jedes Mal, wenn die »internationale Staatengemeinschaft«, eine »Koalition der Willigen« oder auch nur die Regierung der USA im Alleingang ein Land überfällt, einen Umsturz einfädelt, einen Bürgerkrieg inszeniert oder auch nur eine »bunte Revolution« veranlasst, fragen sich Beobachter: Was ist der Grund für diese unablässige Aggressivität? Sind es die Aussichten auf Extraprofit (also zum Beispiel die Ölvorkommen in Irak oder Venezuela), oder ist es der Drang, die Verhältnisse unter Kontrolle zu haben / wieder zu erlangen. Beides ist natürlich richtig. Und für beide imperialistischen Politikmotive ist der Drang des Finanzkapitals zum Kapitalexport der Kern der Angelegenheit. Um Kapital mit guten Aussichten auf Extragewinn exportieren zu können, braucht das Finanzkapital den Zugang, die Garantie des Eigentums, sowie die Garantie, den erzielten Gewinn auch einzustreichen, stabile Verhältnisse, niedrige Löhne, niedrige Gewinnsteuern, einen offenen, ergiebigen Absatzmarkt und ein gutes Geschäftsklima. Zugang zu den Extrarenten aus Vorkommen an Lithium, Seltenen Erden, Erdöl oder ähnlichem werden gern mitgenommen und stärken den Vorsatz zum Krieg.

Die Garantie des Eigentums ist ein extrem wichtiger Punkt. Als Argentinien sich weigerte, Anleihen und Zinsen vertragsgemäß zurückzuzahlen, setzte der Hedgefonds Elliott mit ein wenig Unterstützung der US-Regierung einen Sturz der Regierung Kirchner und die Zahlung von mehreren Milliarden Dollar durch. Immerhin sind den USA auch im eigenen Land die Gläubiger ihres Staatshaushalts heilig. Das Gesetz sieht vor, dass Teile der Regierung regelmäßig dichtmachen, wenn es finanziell eng wird, nur damit auch keine Sekunde Zahlungsverzug eintritt. Beachtlich auch das Diktat der EU-Zentrale und der deutschen Regierung über den Staatshaushalt und die Gesetzgebung der Republik Griechenland im Interesse der ordentlichen Bedienung der Staatsanleihen. Man lernt daraus, dass es oft auch ohne Kanonenboote geht.

Man hat sich daran gewöhnt, dass die Gesetzgebung und Politik auf nationaler Ebene vom Finanzkapital bestimmt wird. Fritz Glunk hat in »Schattenmächte« (2017) einige sehr deprimierende Fallstudien vorgelegt, die beschreiben, wie »transnationale Netzwerke« die Gesetze, Regeln und Erlasse international bestimmen. Die Selbstregulierung der Banken im »Basler Ausschuss« ist dabei eines seiner treffenden Beispiele. Sie beruht auf der Kooperation unterschiedlicher nationaler und regionaler Finanzkapitalgruppen. In gewisser Weise hat diese Kooperation im Auge der großen Finanzkrise einen Höhepunkt erreicht. Die Regierungen aller Metropolenländer agierten ähnlich und gleichgerichtet. Sie schütteten Steuergeld in den Bankensektor und produzierten riesige keynesianische Konjunkturprogramme. Kurz danach, bei den Gipfeltreffen G7 und G20 anno 2009, haben die Gipfelteilnehmer einstimmig und feierlich gelobt, am freien Welthandel und am unbeschränkten Kapitalverkehr festzuhalten. Dieses Gelöbnis wurde abgelegt mit bewusstem Blick auf die Periode zwischen dem Ersten und Zweiten Weltkrieg, als die imperialistischen Mächte gegeneinander Währungs- und Wirtschaftskrieg führten, was mitursächlich für die verheerende Weltwirtschaftskrise der 1930er Jahre war. Formal hielt das Gelöbnis bis zum Amtsantritt von Donald Trump und seiner »America-First«-Politik. Der Handelskrieg, den diese US-Regierung gegen den Rest der Welt eröffnet hat, stellt eine markante Änderung im Verhalten der imperialistischen Zentren zueinander dar. Die eigentliche Ursache dafür ist die Weltwirtschaftskrise seit 2007.

Noch einmal ein Blick zurück: Die Weltordnung von Bretton Woods war in erster Linie von den USA in ihrem Interesse errichtet und 30 Jahre aufrechterhalten worden. Doch waren es auch die USA, die das Abkommen kündigten. Sie kündigten es, weil unter diesem Regime die imperialistische Konkurrenz zu nahe kam und weil unter diesem System die Profitrate auch des US-Monopolkapitals zurückging. Es folgte die einseitig imperialistische Politik der USA unter Ronald Reagan, die die damalige Weltwirtschaftskrise verstärkte, ihre Lasten aber entschieden der imperialistischen Konkurrenz und vor allem den Entwicklungsländern aufbürdete. Der Neoliberalismus begann, die USA erhielten mittels Kapitalzufuhr und einer vom Rüstungsbereich ausgehenden technologischen Innovation einen Entwicklungsschub. Die destruktive Politik des Donald Trump ähnelt der Irrationalität des Schauspielers Reagan, der heute in den USA allen Ernstes als »großer Präsident« verehrt wird. Das neoliberale Wirtschafts- und Finanzsystem mit der steten Ausweitung des Finanzsektors scheint nun von den USA ausgehend zerschlagen zu werden. Für die Führungsmacht ergibt sich im Chaos und in der verschärften Konkurrenz der Imperialisten untereinander – analog zu 1980 ff. – ein relativer Vorteil.

Für die immer noch eindeutige imperiale Führungsmacht rückt damit objektiv und subjektiv in der Wahrnehmung der herrschenden Klasse der USA der strategische »Endkampf« um die Weltherrschaft näher. Die massive Aufrüstung der USA und ihrer Bündnispartner sowie ihre immer zahlreicher werdenden Kriege und Destabilisierungsunternehmen in aller Welt deuten auch für den flüchtigen Beobachter darauf hin, dass die Gefahr eines Weltkrieges zunimmt. Auch in dieser Hinsicht ist die Lage der vor dem Ersten Weltkrieg ähnlicher geworden. Zwar geht es für die herrschende Weltmacht um die Verteidigung ihrer Vormachtstellung, aber gerade deshalb agiert sie aggressiv.

Unbestritten ist, dass die ökonomische Dominanz der USA schwindet. Das ist ein schon lange dauernder Prozess. Bis in die 1990er Jahre hinein stellte sich dieser Prozess als relatives Aufholen der westeuropäischen Länder und Japans dar, also der anderen Zentralregionen des entwickelten Kapitalismus. Seit etwa den 90er Jahren verlieren die USA an ökonomischer Potenz viel stärker, verglichen mit einer Reihe von, nein sehr vielen Schwellenländern, zunächst vor allem in Asien, dann aber auch in Lateinamerika. Das bei weitem wichtigste dieser Länder ist China, das immer noch das bevölkerungsreichste Land der Erde ist und dessen ökonomischer Aufholprozess es nach welchen ökonomischen Kennziffern auch immer in die Größenordnung der Volkswirtschaft der USA gebracht hat. Der Verlust der ökonomischen Dominanz der USA hat sich seit Ausbruch der großen Finanz- und Weltwirtschaftskrise noch einmal beschleunigt.

Ökonomie ist nicht alles, aber sie ist die Grundlage für Machtentfaltung. Unter allen potenziellen Rivalen der USA ist allein China auf absehbare Zeit in der Lage, ein ähnliches Gewicht wie die USA selbst in die Waagschale zu werfen. Auch die herrschende Monopolbourgeoisie der USA richtet sich mittelfristig auf eine Auseinandersetzung mit China als Rivalen ein. Die Strategie der USA besteht unter dieser Grundausrichtung darin, andere Länder zu unterwerfen, sie entweder mit Krieg zu überziehen oder zu umgarnen, um sie besser ausbeuten und um sie als Ressource und Bündnispartner in der großen Auseinandersetzung um die Weltherrschaft nutzen zu können.

Russland ist ein Land und zugleich eine Großregion, die vom US-Imperialismus seit dem Untergang der Sowjetunion als lohnende Beute betrachtet wird. Da ohne Verfügungsgewalt über Russland der US-Imperialismus die Weltherrschaft nicht behalten kann, ist aus seiner Sicht ein eigenständiges Russland nicht tolerierbar. Die Versuche der USA, auch dieses Land zu unterwerfen, werden deshalb nicht nachlassen. Russland und China sind diejenigen, die das zweifelhafte »Privileg« genießen,

Gegner zu sein. Diese Gegnerschaft führt die beiden Länder in eine seit einigen Jahren entstehende, aber noch keineswegs gefestigte Allianz. Für das deutsche Finanzkapital und das anderer europäischer Länder stellt sich die Frage des Allianzwechsels. Dagegen sprechen sehr viele politische, militärische und auch ökonomische Gründe. Ökonomische Gründe dafür dürften aber mit einem verschärften Handels- und Finanzkrieg seitens der USA gegen die westlichen Verbündeten und Konkurrenten zahlreicher werden. Das Ansinnen der USA, die Wirtschaftsbeziehungen mit China, Russland oder auch Drittstaaten wie dem Iran zu kappen oder einzuschränken, sind Motive für deutsche Konzerne, einen Seitenwechsel in Erwägung zu ziehen.

Man darf bei diesen insgesamt wenig erfreulichen Perspektiven nicht vergessen, dass das Ganze im Rahmen eines weit überdehnten Finanzsystems stattfindet. Die unglaubliche Vermögens- und Geldschwemme in der Verfügungsgewalt des Finanzkapitals kann als ein Hauptcharakteristikum der aktuellen Periode gelten. Verglichen mit dem produktiv angelegten Kapital ist das in Schulden/Krediten und anderen Finanzkontrakten angelegte Kapital in eine ungeheure Überproportionalität angewachsen. In dieser Beziehung ist der aktuelle Zustand des Weltfinanzsystems noch labiler als in der ersten Phase des Imperialismus vor mehr als hundert Jahren.

Literatur

Walter **Bagehot**: Lombard Street – A Description of the Money Market, London, 1873

Gretchen **Binus**, Beate **Landefeld**, Andreas **Wehr**: Staatsmonopolistischer Kapitalismus, Köln, 2014

Paul A. **Baran**, Paul M. **Sweezy**: Monopoly Capital, Harmondsworth, 1966 (deutsch: Monopolkapital, Frankfurt/M., 1969)

Paul **Boccara**: Der staatsmonopolistische Kapitalismus, Frankfurt/M., 1973

Peter **Decker**, Konrad **Hecker**, Joseph **Patrick**: Das Finanzkapital, München, 2016

Der Imperialismus der BRD, (hg. v. Autorenkollektiv), Berlin, 1972

Fritz R. **Glunk**: Schattenmächte, München, 2017

David **Graeber**: Schulden, Die ersten 5000 Jahre, Stuttgart, 2012

Norbert **Häring**: Schönes neues Geld, Frankfurt/M., 2018

David **Harvey**: Kleine Geschichte des Neoliberalismus, Zürich, 2007

Ulrike **Herrmann**: Der Sieg des Kapitals, München, 2015

Peter **Hess** u. a.: Grundlagen und Formen der Herrschaft des Finanzkapitals, Frankfurt/M., 1974

Rudolf **Hilferding**: Das Finanzkapital, Frankfurt/M., 1973

Eric **Hobsbawm**: Das imperiale Zeitalter, 1875-1914, Frankfurt/M., 1989

August Heinrich **Hoffmann von Fallersleben**: Das große Lesebuch, Frankfurt/M., 2011

Michael **Hudson**: Finance as Warfare, World Economic Association, 2015 (deutsch: Finanzimperialismus, Stuttgart, 2017)

Michael **Hudson**: Der Sektor, Stuttgart, 2015

Jörg **Huffschmid**, Begründung und Bedeutung des Monopolbegriffs in der marxistischen politischen Ökonomie, in: ›Das Argument‹, Sonderband 6 ›Theorie des Monopols‹, Berlin, 1975, S. 4

Jörg **Huffschmid**: Politische Ökonomie der Finanzmärkte, Hamburg, 1999

Geoffrey **Ingham**: The Nature of Money, Cambridge, 2004

IPW-Forschungsheft 4/1988 – Caspar Schirmeister et al.: Finanzkapital in der BRD – ökonomische Macht- und Eigentumsstrukturen

Robert **Katzenstein**: Zur Frage des Monopols, des Monopolprofits und der Durchsetzung des Wertgesetzes im Monopolkapitalismus, in: ›Das Argument‹, Sonderband 6 ›Theorie des Monopols‹, Berlin, 1975, S. 93

Michael R. **Krätke**: Geld, Kredit und verrückte Formen, in: MEGA-Studien 2001/1, S. 64

Lehrbuch Politische Ökonomie – Vorsozialistische Produktionsweisen, Deutsche Übersetzung aus dem 1970 erschienen russischen Original, Frankfurt/M., 1972

Jürgen **Leibiger**: Bankrotteure bitten zur Kasse, Mythen und Realitäten der Staatsverschuldung, Köln, 2011

Wladimir I. **Lenin**: Der Imperialismus als höchstes Stadium des Imperialismus, Frankfurt/M., 1971

Karl **Marx**: Das Kapital, Bd. 3, MEW 25, Berlin, 1973

Klaus **Müller**: Geld, von den Anfängen bis heute, Freiburg, 2015

Klaus **Müller**: Profit, Köln, 2016

Andreas **Nölke**: Finanzialisierung als Kernproblem eines sozialen Europas, WSI-Mitteilungen 1/2016

Prabhat **Patnaik**: Accumulation and Stability under Capitalism, Oxford, 1997

Thomas **Piketty**: Das Kapital im 21. Jahrhundert, München, 2014

Hermannus **Pfeiffer**: Die Macht der Banken, Frankfurt/M., 1993

Projekt Klassenanalyse: Stamokap in der Krise, Westberlin, 1975

Werner **Rügemer**: Die Kapitalisten des 21. Jahrhunderts, Köln, 2018

Thomas **Strobl**: Ohne Schulden läuft nichts, München, 2010

Achim **Szepanski**: Kapital und Macht im 21. Jahrhundert, Hamburg, 2018

Lucas **Zeise**: Geld – Der vertrackte Kern des Kapitalismus, Köln, 2013

Lucas **Zeise**: Ende der Party, Köln, 2008

Howard **Zinn**: A People's History of the United States, New York, 2015 (deutsch: Eine Geschichte des amerikanischen Volkes, Berlin, 2007)

Emile **Zola**: Geld, Nördlingen, 1987